Befreie Deine Sehnsucht

Safi Nidiaye

Befreie Deine Sehnsucht

Glanz und Freude
ins Leben bringen,
damit die Seele
atmen kann

Integral

1. Auflage 2005

Integral Verlag
Integral ist ein Verlag der Verlagsgruppe Random House GmbH

ISBN 3-7787-9144-3

Printed in Germany
Redaktion: Dr. Juliane Molitor
Einbandgestaltung: Reinert Werbedesign, München,
unter Verwendung einer Illustration von Thomas Reinert
Herstellung: Helga Schörnig
Gesetzt aus der 10,6/13,9 Punkt Meridien
bei C. Schaber Datentechnik, Wels
Druck und Bindung: GGP Media GmbH, Pößneck

Inhalt

Teil III
Die Sehnsucht befreien

Teil IV
Sehnsucht und Lebensthemen

Teil V
Inspirierte Texte

Teil VI
Aphorismen, wahre Geschichten und Märchen

Wonach sehnst du dich?
Nach Wiesen voller Sommerblumen,
nach Sternennächten am Meer?
Nach dem Glanz der fernen Städte?
Oder danach, zu tanzen, zu strahlen,
im Scheinwerferlicht zu glänzen?
Oder sehnst du dich mehr als nach allem anderen
nach einem Menschen, den du liebst?
Oder danach, die Schönheit, die tief in dir schlummert,
erstrahlen zu lassen?
Dein Lied zu singen?
Dein Bild zu malen?
Selbst ein Lied und ein Bild zu sein
zum Ruhm des Geliebten?
Wonach sehnst du dich?
Nach Größe? Nach Frieden? Nach Freiheit?
Nach einem, der dich versteht?
Wonach sehnst du dich?

und in Liebe zu verschmelzen
mit meinem Geliebten, der mich
in Liebe umfängt, hält und erweckt.

und das alles zu feiern mit euch

Einführung

Dieses Buch handelt von unserem wichtigsten Gefühl, dem Gefühl, in dem der Schlüssel für unser Glück und unsere Erfüllung liegt. Dieses Gefühl heißt Sehnsucht. Sehnsucht ist die Kraft, die uns zu unserer Bestimmung führt. Sie motiviert uns, zu handeln und uns zu entwickeln; sie schenkt uns Lebensmut und Freude und gibt uns die Energie, das Unmögliche möglich zu machen. Sehnsucht ist unser innerstes, ureigenstes Gefühl, die Stimme unserer Seele.

Sehnsucht ist schöpferisch. Sie trägt den Sehnenden unfehlbar zum Ersehnten. Doch damit sie das tun kann, muss man sie in sich leben lassen, muss sie in Herz und Bewusstsein lebendig halten, sie ehren und pflegen und ihr sein Leben widmen. Man muss, wie man früher so schön formulierte, »seiner Sehnsucht leben«. Das ist kein Druckfehler, sondern ein aus der Mode gekommener Ausdruck, der weit mehr beinhaltet, als seiner Sehnsucht Ausdruck zu verleihen oder ihr zu folgen. »Seiner Sehnsucht leben« bedeutet, sein Leben seiner Sehnsucht zu weihen. Wenn Sie in diesem Sinne »Ihrer Sehnsucht leben«, sind Sie auf dem Weg des Glücks und der Erfüllung. Nicht auf dem Weg zu Glück und Erfüllung, sondern auf einem Weg, auf dem jeder Schritt bereits Glück und Erfüllung bedeutet. Denn nichts ist so sehr Sie selbst, nichts ist so sehr Ihr eigen wie Ihre Sehnsucht. Und jeder Schritt, den Sie auf dem Weg der Sehnsucht gehen, ist bereits in sich erfüllend, weil es ein Schritt auf Ihrem ureigenen Weg ist.

Den größten Fehler unseres Lebens begehen wir, wenn wir eine Sehnsucht begraben. Wir alle haben diesen Fehler gemacht, und nicht nur einmal. Die eine Sehnsucht haben wir begraben, weil uns die Stimme der Logik dazu riet (»Es ist ja doch unmöglich«); eine andere, weil wir nach einer enttäuschenden Erfahrung eine entsprechende Schlussfolgerung gezogen haben (etwa »Für mich gibt es so etwas nicht«). Eine dritte liegt unter dem Wunsch nach Konformität mit Gesellschaft, Elternhaus, Religion oder spirituellem Ideal (»Nach so etwas darf man sich nicht sehnen; es ist verboten«) begraben.

Immer wenn wir eine Sehnsucht begraben, begehen wir ein Stück Selbstmord. Wenn es Ihnen an Lebensenergie, Lebensmut, Freude und schöpferischer Unternehmenslust mangelt, können Sie sicher sein, dass Sie irgendwo tief in sich eine Sehnsucht und damit ein zentrales Stück Ihrer selbst begraben haben.

Wozu aber die Sehnsucht ausgraben, wenn ihr Objekt unerreichbar ist? Wenn es aussichtslos ist sich zu sehnen? Ist das nicht sinnlose Selbstquälerei? Sollte man meinen. Aber das Gegenteil ist der Fall. Wir leiden nicht an unserer Sehnsucht, sondern daran, dass wir unsere Sehnsucht nicht fühlen. Sobald wir den Sargdeckel lüften und die Sehnsucht in unser Bewusstsein strömen lassen, ohne zuzulassen (und das ist das Entscheidende!), dass sich ein vereitelnder Gedanke à la »unmöglich« über sie schiebt, füllt sich unser Herz mit Freude und neuer Kraft. Auf völlig irrationale Weise sind wir von einem tiefen Glücksgefühl erfüllt, fühlen uns zu Hause angekommen, wieder eins mit uns selbst, wieder angeschlossen an unser wahres Ich, den Kraftquell unserer Seele. Wir sind wieder auf unserem eigenen Weg.

In diesem Buch möchte ich darlegen,

- dass Sehnsucht ebenso die schöpferische Kraft des Universums wie die schöpferische Kraft in jedem Einzelnen von uns ist;
- dass Sehnsucht unser ursprüngliches und eigentliches Gefühl ist;
- dass der Grad der Aktivität unserer Sehnsucht eng mit dem Grad unserer Lebendigkeit zusammenhängt;

- dass es nicht die Sehnsucht ist, die uns leiden lässt, sondern vielmehr die Unterdrückung unserer Sehnsucht;
- dass wir alle unsere Sehnsucht auf die eine oder andere Art unterdrücken.

Ich möchte außerdem zeigen,
- wie diese Unterdrückung der Sehnsucht uns krank und unglücklich macht;
- wie Sie die Sehnsucht in Ihrem Herzen wieder aufspüren können;
- wie Sie Ihre Sehnsucht befreien und Ihre schöpferische Kraft freisetzen können;
- warum das Befreien der Sehnsucht ein Akt der Selbstliebe und der Selbstheilung ist;
- warum es vernünftig ist, »seiner Sehnsucht zu leben«, auch wenn es unsinnig erscheint;
- warum dies überhaupt die einzige vernünftige Art zu leben ist;
- wie Ihre Sehnsucht Ihr Wegweiser in ein erfülltes Leben sein kann;
- wie Sie sich die schöpferische Kraft Ihrer Sehnsucht zu Nutze machen können;
- wie Sie Ihrer Sehnsucht und damit Ihrer Seele die richtige Pflege angedeihen lassen;
- wie Sehnsucht Sie schließlich zur Erfüllung trägt.

Wie ich dazu kam, ein Buch über Sehnsucht zu schreiben

In den Jahren 1987 bis 1989 traf ich mich einmal wöchentlich mit einer kleinen Gruppe von Freunden zu einer Sitzung, bei der ich als Medium für höhere Ebenen des Bewusstseins fungierte. Da die Botschaften, die wir bei diesen Gelegenheiten von unserem höheren Selbst erhielten, für uns äußerst hilfreich und inspirierend waren, wünschten wir uns bald, sie mit einer größeren Gruppe von Menschen zu teilen, und kamen auf die Idee, auf diesem Wege ein Buch entstehen zu lassen, das die Fragen, die uns alle bewegten, aus einer höheren Perspektive beleuchten sollte. Wir begannen mit einem Thema, das uns zur damaligen Zeit – einer Zeit des Umbruchs – besonders viel Kopfzerbrechen bereitete: Liebe und Beziehungen. Woche für Woche trafen wir uns zum Buchdiktat. Wir stimmten uns auf den Wunsch ein, aus einer höheren geistigen Perspektive die Wahrheit zu unserem Thema zu erfahren, ich versetzte mich in einen Zustand tiefer Entspannung, leerte meinen Kopf und begann zu sprechen. Meine Freunde stellten Fragen, ich übermittelte die Antworten. So entstand Kapitel für Kapitel das Buch *Liebe ist mehr als ein Gefühl* (dem später aus der gleichen Quelle weitere folgen sollten[1]). Jeder Satz dieses Buches war eine Offenbarung für uns, denn er drückte etwas aus, das wir im tiefsten Innern schon immer gewusst hatten, auch wenn es uns noch nie zu Bewusstsein gekommen war. (Später erfuhr ich von vielen Menschen, dass es ihnen beim Lesen ebenso ergangen war.)

Der Kern dieses Buches und des gesamten Lehrstoffes, der uns über Jahre hinweg aus dieser Quelle des inneren Wissens vermittelt wurde, kann in dem Satz »Sei du selbst« zusammengefasst werden. Damals machte ich zum ersten

Mal Bekanntschaft mit der Funktion der Sehnsucht. Es war ungeheuer erleichternd für mich und uns alle, aus höherer Quelle zu erfahren, dass wir unseren Gefühlen, unserem Herzen und vor allem unserer Sehnsucht und unseren Wünschen trauen konnten. Gibt es nicht in uns allen eine Sehnsucht nach etwas, das sich nicht erreichen lässt? Eine unsinnige Sehnsucht? Eine ganz und gar unvernünftige oder gar verbotene Sehnsucht? Die Sehnsucht nach etwas Unmöglichem, Unerreichbaren? Wie wunderbar zu erfahren, dass diese Sehnsucht nicht umsonst besteht. Dass sie kein Irrtum der Natur ist. Dass sie nicht unserer Dummheit, Unwissenheit oder Unmoral entspringt, sondern einer höheren Vernunft. Wissen wir das im tiefsten Herzen nicht alle? »Wenn ihr euch nach etwas sehnt«, hieß es im Kapitel »Folgt eurem inneren Selbst!«, »besteht diese Sehnsucht zu Recht, und ihr könnt ihr ruhig folgen. Sie trägt euch zu eurem nächsten Entwicklungsschritt – nicht unbedingt dahin, wo ihr hin möchtet, aber mit Sicherheit in die richtige Richtung. Folgt ihr. Alles andere kann euch immer nur kurzfristiges und oberflächliches Glück verschaffen …« Und mehr noch: »Wenn ihr es ernst meint, dann lernt ihr, euch selbst zu trauen. Dann wisst ihr auch, dass Gott nicht irgendwo da draußen sitzt und über euch bestimmt, sondern tief in euch. Eure elementarsten Wünsche, Sehnsüchte und Bedürfnisse sind nichts als die Stimme Gottes, der euch führen will. Lernt, ihnen zu trauen!«

Ich begann nach dieser Maxime zu leben. Ich übte, auf mein Herz zu hören, auch wenn mein Verstand rebellierte. Ich war so konsequent auf diesem Weg, wie ich nur konnte. Es folgten Jahre der inneren Kämpfe und der äußeren Schwierigkeiten. Einen Teil dieser Entwicklung habe ich in meinem Buch *Den Weg des Herzens gehen* geschildert. (Dieses Buch wurde später unter dem Titel *Das Bewusstseins-Orakel* in einer überarbeiteten und durch Spruchkarten erweiterten Auflage neu veröffentlicht.)

Damals hatte ich in meiner Funktion als Medium für das höhere Selbst begonnen, Seminare zu geben und Trainingsgruppen zu leiten. Mithilfe spontaner Eingebungen gelang es mir, Menschen auf Gefühle aufmerksam zu machen, die sie aus ihrem Bewusstsein verdrängt und in ihrem Körper sozusagen eingelagert hatten, und sie so zur Wurzel ihrer jeweiligen Probleme zu führen. Nach und nach entstand aus dieser Arbeit eine Methode, eine sehr einfache, für jeden[2] praktizierbare Technik, mit der man verdrängte Gefühle im Körper aufspüren, bewusst machen und ins Herz holen kann. Diese Methode ist unter dem Namen »körperzentrierte Herzensarbeit« recht bekannt geworden (und ich hoffe, dass sie noch bekannter wird, denn sie ist wirklich ein wunderbarer Weg zu Selbstheilung und Erwachen). Im Zuge der Entwicklung und Verfeinerung dieser Arbeit lernte ich die Anatomie unseres »Gefühlskörpers« immer besser verstehen. Ich begriff, dass unsere negativen Emotionen – die man alle unter den Hauptgruppen Angst, Zorn und Trauer zusammenfassen kann – nicht unsere wahren Gefühle sind, sondern unsere Art, uns vor dem seelischen Schmerz zu schützen, der ihnen zugrunde liegt. Unter jedem negativen Gefühl liegt ein Schmerz verborgen, und all die Dramen unseres Lebens kreisen um die Angst vor diesem Schmerz, den wir irgendwann in früher Kindheit erlitten, aber nicht gefühlt, sondern verdrängt haben. Sobald man es wagt, diesen Schmerz bewusst zu fühlen, ist das Drama beendet. Die Angst fällt weg, die Energieblockade ist gelöst und damit meist auch das Problem.[3] In den letzten Jahren trat nun ein anderes, noch tiefer liegendes Gefühl immer stärker in mein Blickfeld. Wir[4] begannen zu entdecken, dass unter jedem Schmerz eine Sehnsucht sitzt; eine Sehnsucht, die unter dem Schmerz erzeugenden Gedanken begraben wurde. Den Schmerz bewusst zu fühlen statt ihn zu verdrängen, war und ist immer der entscheidende Schritt zur Erlösung aus dem jeweiligen Drama oder der Problematik. Doch wie wir bald feststellten, bringt das Ausgraben der Sehnsucht, die unter diesem Schmerz verborgen liegt, eine noch größere Befreiung mit sich. Es ist, als ob die Seele aufatmet. Man fühlt sich wieder an den Kraftstrom angeschlossen, der von der Seele in die Realität führt. Man hat das Gefühl, endlich wieder auf seinem eigenen Weg und von neuer Zuversicht erfüllt zu sein, und zwar unabhängig davon, ob das Ziel oder Objekt der Sehnsucht erreichbar scheint oder nicht.

Seit ich diese Entdeckung gemacht habe, nehme ich die Sehnsucht in den Menschen immer deutlicher wahr – jene Sehnsucht, die darunter leidet, nicht bemerkt zu werden, nicht leben zu dürfen, unter dem Siegel der vermeintlichen Unmöglichkeit begraben zu sein. Ich sehe, wie Leben in jedes Gesicht kommt, wenn von Sehnsucht die Rede ist. Ich sehe, wie sich die Hoffnung von neuem aus dem Staub der zerbrochenen Träume erhebt, sobald die Sehnsucht angesprochen wird. Ich beobachte, wie ich selber tief aufatme, wenn ich eine verdrängte Sehnsucht zutage fördere und von der Unterdrückung befreie. Daher habe ich beschlossen, der Sehnsucht, unserem wichtigsten und schönsten Gefühl, ein Buch zu widmen.

Dieses Buch ist ein wenig anders als die Bücher, in denen ich meine Arbeit beschreibe. Um es schreiben zu können, musste ich andere Schleusen öffnen, denn hier gebe ich nicht nur das Wissen weiter, das aus meiner praktischen Arbeit hervorgeht, auch wenn dieses Wissen ganz bestimmt nicht zu kurz kommen wird, denn ich wünsche mir natürlich, dass Sie das Gelesene in die Praxis umsetzen können. Viele Informationen, die ich in diesem Buch vermittle, gehen aus der Wahrnehmung der inneren Zusammenhänge hervor, die ich durch die körperzentrierte Herzensarbeit gewonnen habe. Ein weiterer Teil, vor allem die »Inspirierten Texte« aus Teil V, stammt aus der inneren Quelle des höheren Selbst und wieder andere Informationen gehen auf Erkenntnisse der Mystiker, vor allem der Sufis, zurück, wie sie von meinem geliebten, kürzlich verstorbenen Lehrer Pir Vilayat Inayat Khan[5] übermittelt wurden. (Diese Erkenntnisse habe ich natürlich durch eigene Meditation nachvollzogen, jedenfalls soweit mir das möglich ist.) Bei den Sufis spielt die Sehnsucht eine zentrale Rolle, denn nach ihrer Erkenntnis geht alles, was ist, aus der »göttlichen Sehnsucht nach Manifestation« hervor.

Teil I

Die Rolle der Sehnsucht

Sehnsucht, Leid und Schmerz

Die Sehnsucht ist die tiefste und älteste Stimme in der menschlichen Seele. Sie ist der geheime Ursprung aller Präsenz und die treibende Kraft aller Kreativität.

JOHN O'DONOHUE[6]

Jedem Menschen wohnt eine Kraft inne, die ihn aus Leid und Mangel hinausführen kann. Diese Kraft heißt Sehnsucht. Sehnsucht ist die Energie, die uns vorwärts zieht, in eine bestimmte Richtung, ihrer Erfüllung entgegen. Und wenn man sie wirken lässt, transportiert sie einen in den ersehnten Zustand hinein. Nicht immer bewirkt Sehnsucht, dass man das konkrete Objekt erreicht, auf das man sie gerichtet hat. Es funktioniert vielmehr so, dass Sehnsucht das in uns erschafft, wonach wir uns eigentlich sehnen, und das ist immer ein bestimmter Seinszustand (den wir uns vom Erreichen des Objekts versprechen), eine Art des Erlebens oder anders ausgedrückt: ein Gefühl. Wenn wir uns in diesem Seinszustand befinden, brauchen wir das Objekt nicht mehr unbedingt. Ist es jedoch unbedingt zum Erreichen dieses Seinszustandes notwendig, so werden wir es – oder ein besser geeignetes – mit Sicherheit erlangen. Sehnsucht trägt uns also nicht zur Erfüllung, sondern sie erschafft Erfüllung. In diesem Sinne kann man sagen, dass Sehnsucht schöpferisch ist.

Allerdings machen wir es unserer Sehnsucht meist schwer, ihre schöpferische Macht zu entfalten. Lieber bleiben wir in der Identifikation mit Mangel und Schmerz stecken und leiden, als unsere Sehnsucht zu fühlen. Damit sie wirken kann, muss man sie aber fühlen. Der magische Kontakt zwischen unserer Seele, der Quelle der Sehnsucht, und unserem Körper, dem Vehikel, das unsere Träume in die Realität bringt, ist das Fühlen. Wenn wir unsere Sehnsucht nicht fühlen, hat sie wenig Chancen, sich zu verwirklichen. Wir haben aber Angst, sie zu fühlen, weil Sehnsucht unweigerlich mit Schmerz verbunden ist. Mit dem Schmerz nämlich, der aus der Abwesenheit des Ersehnten resultiert (wäre es nicht abwesend, gäbe es ja keine Sehnsucht). Indem wir obendrein davon überzeugt sind, dass diese spezielle Sehnsucht sich sowieso nie erfüllt, weil das unmöglich ist, verhindern wir ihr Wirken geradezu.

Unter jedem Mangel und jedem Schmerz liegt mit größter Wahrscheinlichkeit eine Sehnsucht begraben. Diese Sehnsucht ist das eigentliche, das wahre Gefühl. Mangel ist kein Gefühl, sondern die Abwesenheit von etwas. Wenn mein Magen leer ist, dann ist das Gefühl, das ich empfinde, weniger der Mangel an Nahrung, sondern die Sehnsucht danach: Hunger. Ich halte mich dann nicht lange damit auf, den Mangel zu beweinen, sondern begebe mich, vom Hunger getrieben, auf die Suche nach Nahrung. Selbst wenn die Suche schwierig oder aussichtslos erscheint, höre ich nicht auf zu suchen, weil der Hunger mich dazu treibt. Erst wenn mir die Kraft ausgeht, werde ich aufhören zu suchen.

Mit dem Hunger der Seele, der Sehnsucht, würden wir genauso umgehen, wenn wir gesunde und unkomplizierte oder sehr bewusste Menschen wären. Sind wir aber nicht, und so begraben wir unsere Sehnsucht unter den Überzeugungen, die wir aus leidvollen Erfahrungen gewonnen haben. Es ist, als würde jemand, der als kleines Kind einmal nichts zu essen bekommen hat, ein Leben lang zu seinem hungrigen Körper sagen: »Vergiss es. Es hat sowieso keinen Zweck. Man bekommt nichts zu essen.« Der Körper lässt das nicht lange mit sich machen. Er braucht Nahrung zum Überleben und wird alles tun, um sie sich zu beschaffen. Die

Seele ist da geduldiger. Sie hat mehr Zeit, weil sie unsterblich ist. Daher können wir zu unserer hungernden Seele sagen: »Ich kann mich nicht um dich kümmern, es ist aussichtslos. Das, was du haben willst, kriegt man sowieso nicht. Außerdem ist es mir unangenehm, deinen Hunger zu fühlen, und deshalb achte ich nicht mehr auf ihn und lenke mich ab, sodass ich ihn nicht mehr bemerke.«

Was geschieht, wenn die Seele hungert und wir uns weigern, ihr die Nahrung zu verschaffen, nach der sie hungert? Wenn wir beschließen, diesen Hunger zu ignorieren?

Nun, die Sehnsucht existiert trotzdem, und wenn wir sie ignorieren und uns nicht bewusst um sie kümmern, wenn wir uns weigern, ihr einen direkten Kanal zur Verfügung zu stellen, wird sie eben auf Umwegen wirksam. Wenn sich jemand nach Zuwendung sehnt und diese Sehnsucht verdrängt, dann wird sein Unterbewusstsein Wege finden, ihm Zuwendung zu verschaffen – beispielsweise indem er so krank wird, dass seine Mitmenschen gezwungen sind, sich ihm zuzuwenden.

Das Dumme ist nur, dass ein Mensch auf diesen Umwegen nie das bekommt, wonach seine Seele wirklich dürstet, sondern immer nur Ersatz. Der Mensch bleibt unbefriedigt, unzufrieden, die Sehnsucht ungestillt, und das macht sich mit der Zeit, je nach Charakter und Temperament, auf verschiedene negative Weisen bemerkbar. Manche Menschen werden depressiv, andere verbittert, manche werden chronisch aggressiv, andere süchtig nach irgendeiner Art von Droge und wieder andere welken einfach dahin und verlieren ihre Kraft, ihre Lust und ihren Lebensmut.

Es ist jedoch möglich, auf einen Schlag aufzuwachen und den Grauschleier abzustreifen. Alles, was wir zu tun haben, ist, unsere Sehnsucht wieder auszugraben und ihr unser Herz zu öffnen. Meist muss man sich jedoch zuerst durch den Schmerz hindurchfühlen, unter dem die Sehnsucht begraben liegt, und sich aus der Identifikation mit dem negativen Gedanken lösen, der verhindert, dass sie überhaupt wahrgenommen wird und sich ausbreiten kann. Dann endlich wird die Sehnsucht wieder fühlbar. Es genügt nicht zu wissen, dass sie existiert. Man muss sie mit allen Fasern fühlen. Man muss körperlich spüren, wie man von ihr durchdrungen ist. Das ist es, was wieder Kraft, Mut und Freude in Körper und Psyche bringt und den verlorenen Glanz ins Leben zurückholt – sodass die Seele wieder atmen kann.

Die Magie der Sehnsucht

Nicht Körper bist du, nicht Geist.
Nichts ist Körper, nichts ist Geist.
Bewusstsein träumt.
Träume und schaffe!
Wage!
Was ist Wagnis im Traum?
Gib dem Wunder Raum!

Safi Nidiaye [7]

Die Seele träumt. Sie träumt davon, was sie alles sein, was sie alles hervorbringen könnte. Und sie begnügt sich nicht damit, vor sich hin zu träumen, sondern treibt die Träume aus sich heraus in die Verwirklichung. Sie tut dies kraft der Magie der Sehnsucht.

Sehnsucht besitzt einen Magnetismus, den man körperlich fühlen kann. Versuchen Sie es mal. Konzentrieren Sie sich auf Ihre Sehnsucht – eine bestimmte Sehnsucht oder Sehnsucht ganz allgemein. Spüren Sie dann Ihren Atem und beobachten Sie, was in Ihrem Körper geschieht. Fast alle Menschen erleben Sehnsucht als etwas, das in der Brustmitte – dort, wo das Herzchakra sitzt – nach vorn zieht. Dieser Magnetismus zieht Sie, wenn Sie ihn lassen, zum Ziel Ihrer Sehnsucht. Es ist, als ginge der Magnetismus – die Anziehungskraft – vom Ziel aus und nicht von Ihnen, sonst würden Sie ihn nicht als nach vorn, von Ihrem körperlichen Standort aus fortziehende Kraft erleben, sondern als zu sich hin saugende Kraft. (Diese saugende Kraft gibt es auch; das ist aber nicht die Sehnsucht, sondern die Gier.) Sehnsucht saugt Menschen und Dinge nicht zu Ihnen hin, sondern treibt Sie voran, der Erfüllung entgegen. Sie bringt Sie dazu, Dinge zu tun, die Sie sonst nicht tun würden. Auf diese Weise verhilft sie Ihnen zur Entfaltung Ihrer schlummernden Fähigkeiten. Sie führt Sie immer ans Ziel, unfehlbar – vorausgesetzt, Sie lassen sie in sich leben und setzen ihrem Wirken keinen Widerstand entgegen. Ich kann das natürlich nicht beweisen, aber mein inneres Wissen und viele meiner Erfahrungen sagen es mir. Und eine Menge weiserer Leute als ich sind zu demselben Schluss gekommen, zum Beispiel Prentice Mulford, den ich in diesem Buch oft zitiere.

Diese Welt ist magisch, und die Naturgesetze sind ein Bestandteil der Magie.

Die größte Magie aber ist die Magie der Sehnsucht. Es ist eine seltsame Sache, dass gerade die Sehnsucht, der wir so gern aus dem Weg gehen, weil sie wegen der Abwesenheit des Ersehnten so sehr schmerzt, uns mit genau diesem Ersehnten in Kontakt bringt, sobald wir es wagen, sie bewusst zu fühlen. Machen Sie einmal die Probe aufs Exempel. Am besten jetzt gleich. Denken Sie an etwas, wonach Sie sich sehnen, am besten an eine Sehnsucht, die Sie wegen Unmöglichkeit vergraben haben. Spüren Sie dann Ihren Atem und erlauben Sie sich, diese Sehnsucht zu fühlen. Konzentrieren Sie sich ganz auf das Gefühl der Sehnsucht und lernen Sie es kennen. Wenn sich ein Gedanke über die Sehnsucht schieben möchte, etwa der Gedanke »es ist unmöglich«, dann nehmen Sie ihn als Gedanken zur Kenntnis. Sie erkennen, dass es ein Gedanke ist (und nicht die Realität). Erbarmen Sie sich des Gefühls, das dieser Gedanke hervorruft, und lenken Sie Ihre Aufmerksamkeit dann auf die Sehnsucht. Wenn Sie Ihre Sehnsucht bewusst fühlen können, ohne dass sich ein vereitelnder Gedanke über sie schiebt, dann erleben Sie, wie Sie innerlich mit genau dem in Kontakt kommen, wonach Sie sich sehnen. Nun fühlen Sie nicht mehr die Sehnsucht, sondern das Ersehnte, den angestrebten Zustand. Setzen Sie auch dem keinen Widerstand entgegen, so füllt sich Ihr Herz mit genau dem, wonach Sie sich sehnen. Das ist der Moment der Erfüllung. Erfüllung ist ein inneres Erleben und keine äußere Angelegenheit. Wenn man den Blick nur auf die äußeren Dinge gerichtet hält, kann man hier von einer »vorweggenommenen Erfüllung« sprechen. Wenn man jedoch verstanden hat, dass es um das innere Erleben geht und dass die äußeren Objekte, die man ersehnt, nur das Vehikel für die innere Erfüllung sind, dann hat die Erfüllung in diesem Augenblick bereits stattgefunden.

Sehnsucht verbindet Sie mit einem anderen Teil Ihrer selbst, der die Möglichkeit enthält, nach der Sie sich sehnen. Sie aktiviert Ihr Potenzial. Sie bringt Sie in Berührung mit dem Ersehnten, und durch diese Berührung wird es aktiviert. Auf diese Weise ist Sehnsucht schöpferisch. Sie erschafft den Seinszustand, der ihr Gegenstand ist. Dazu muss man verstehen, dass alles, was existiert, nichts anderes ist als verschiedene Zustände des Seins (des einen Seins). Man sehnt sich also in Wirklichkeit nicht nach einem bestimmten Menschen, einem bestimmten Umstand, einem bestimmten Gegenstand oder einem bestimmten Ort, sondern nach einem bestimmten Seinszustand. Ferner muss man verstehen, dass, vom Standpunkt der Seele aus gesehen, nichts außerhalb von einem selbst existiert, sondern alles innerhalb. *Alles bist du*. Damit etwas in die Manifestation kommen, also greifbare Realität werden kann, müssen Sie mit dem betreffenden Teil Ihres Potenzials in Berührung kommen. Diese Berührung geschieht dadurch, das Sie die Sehnsucht fühlen.

Dieses Fühlen bedeutet allerdings weitaus mehr, als nur um die Sehnsucht zu wissen. Es bedeutet nicht nur, an seine Sehnsucht zu denken, sondern sich auch zu gestatten, sie frei in Bildern und Gedanken zum Ausdruck zu bringen, sie dabei mit allen Fasern zu spüren und mit seinem Atem zu berühren.

Sehnsucht zu haben ist nicht genug, man muss sie auch fühlen

Fühlt, was ihr fühlt!

SAFI NIDIAYE [8]

Jeder von uns wird von irgendeiner Sehnsucht angetrieben. Diese Sehnsucht bringt uns dazu, Dinge zu tun, Gegenstände anzuschaffen, Arbeiten zu verrichten, uns auf eine bestimmte Art zu verhalten, zu kleiden, zu schmücken und so fort. Wir sehnen uns nach einer bestimmten Erlebnisqualität, und die ersehnten Dinge, Umstände oder auch Menschen sollen uns helfen, diese Qualität zu erleben.

Das Problem ist nur: So lange ich mit einer Sehnsucht identifiziert bin, gibt es garantiert einen anderen Teil, zu dem ich nicht »ich« sage, mit dem ich also nicht identifiziert bin und der diese Sehnsucht untergräbt, weil er sich etwas anderes wünscht. Oft wundert man sich, dass sich jemand so sehr nach etwas sehnt und es doch nie erreicht. Ein Freund von mir sehnte sich jahrelang verzweifelt danach, von einer Sucht frei zu werden, und schaffte es nie. Kein Wunder, denn er war so sehr mit seiner Sehnsucht identifiziert, dass er den anderen Teil seiner selbst, der sich nach dem sehnte, was das Suchtmittel ihm verschaffte, als »nicht ich« betrachtete und verdrängte. Die logische Folge war, dass dieser Teil ihn beherrschte und er nicht von seiner Sucht loskam. Eine andere Bekannte träumte ein Leben lang davon, als Schauspielerin Karriere zu machen, aber stets schien etwas anderes in ihrem Leben Vorrang zu haben: die Karriere ihres Mannes, das Kinderkriegen, das Großziehen der Kinder, die Karriere der Kinder, und so fort. Bis heute hat sie es nicht geschafft, mehr als hier und da einen Mini-Auftritt zu haben. Sie war so sehr mit ihrer Sehnsucht identifiziert, dass sie den Teil ihrer selbst, der andere Interessen verfolgte, völlig aus ihrem Herzen verbannt hatte. Dieser andere Teil ihrer selbst wollte lieber ein gemütliches Hausmütterchendasein führen als im Scheinwerferlicht auf der Bühne zu stehen! Und wie immer gewann auch hier der verdrängte Teil die Oberhand und meine Bekannte blieb Hausfrau.

Wenn wir uns mit einem bestimmten Gefühl identifizieren, wandern andere Gefühle automatisch in den Untergrund, nämlich die Gefühle, die denen, mit denen wir uns identifizieren, entgegengesetzt sind. Mit jenen identifizieren wir uns, aber diese beherrschen uns, und zwar deshalb, weil wir sie nicht bemerken. Lösen lässt sich diese Problematik nur, indem man einen Schritt zurücktritt, sich auf den Platz des Wahrnehmenden begibt und die Sehnsucht bewusst fühlt. Nun bin ich nicht mehr die, die sich sehnt und mit dieser Sehnsucht identifiziert ist, sondern die, die diese Sehnsucht als Gefühl wahrnimmt und anerkennt. Wenn ich mit einer Sehnsucht identifiziert bin, muss ich dieser Sehnsucht entgegengesetzte Gefühle aus meinem »Ich« ausklammern, also verdrängen. Wenn ich sie jedoch als Gefühl wahrnehme, kann ich erkennen, dass es daneben noch andere Gefühle gibt, beispielsweise eine Sehnsucht, die sich auf ein ganz anderes Ziel richtet, und der kann ich dann ebenfalls mein Herz öffnen.

Manchmal sind es nicht widersprüchliche Wünsche, sondern unbemerkte Glaubenssätze, die der Erfüllung einer Sehnsucht im Weg stehen. Eine Freundin von mir entdeckte eines Tages eine große Sehnsucht nach Glanz in sich. In ihrem inneren und äußeren Leben fehlte es ihrem Empfinden nach an Glanz. Sie hätte ihm gern Glanz verliehen und wollte auch selber gern glänzen, aber etwas in ihrem Innern verbot es ihr. Bei näherem Hinschauen entdeckte sie, dass einerseits fast alles, was sie in ihrem Leben tat, angefangen von ihrem Beruf bis hin zu ihrer äußeren Erscheinung, von dieser Sehnsucht nach Glanz angetrieben war, aber andererseits war sie im tiefsten Innern davon überzeugt, es sei gefährlich, Glanz zu manifestieren. Diese Schlussfolgerung hatte sie aus irgendeiner alten Erfahrung abgeleitet. Sie entdeckte, dass sie im Äußeren stets alles getan hatte, was sie konnte, um Glanz in ihr Leben zu bringen, während sie innerlich genau das stets vereitelt hatte. Trotz all der glanzvollen Dinge und Aktivitäten in ihrem Leben war ihr das innere Erleben von Glanz völlig unbekannt. Mithilfe der körperzentrierten Herzensarbeit begann sie, diese Problematik aufzulösen. Sie machte sich klar, dass die Überzeugung, es sei gefährlich zu glänzen, keine Tatsache, sondern ein Gedanke war. Dann machte sie sich die Gefühle bewusst, die dieser Gedanke verursacht hatte. Auf diese Weise löste sie sich aus der Identifikation mit der Idee, glänzen sei gefährlich, und endlich konnte sie ihr Herz für ihre Sehnsucht nach Glanz öffnen. Sie entdeckte, dass Glanz ein Gefühl ist, ein innerer Zustand, eine Stimmung – etwas, das sie in sich fühlen kann und das dann ganz von selbst aus ihr heraus strahlt und ihrem Leben Glanz verleiht. Seitdem ist sie weniger abhängig von Attributen, die sie glanzvoll erscheinen lassen. Sie hat eine tiefe innere Zufriedenheit entdeckt, die daher rührt, dass sie das Gefühl, nach dem sie sich sehnte, endlich in sich entdeckt und zugelassen hat.

Sehnsucht bringt uns in Kontakt mit dem, wonach wir uns sehnen. Damit sie das tun kann, müssen wir sie mit allen Fasern fühlen. Das ist nicht dasselbe wie zu erkennen, dass eine Sehnsucht vorhanden ist, oder darüber nachzudenken. Es ist auch nicht dasselbe wie vor Sehnsucht zu zergehen oder sich in Sehnsucht zu verzehren. Letzteres tue ich, wenn ich mit der Sehnsucht identifiziert bin – wenn ich die bin, die sich sehnt, statt die zu sein, die ihre Sehnsucht fühlt.

Jedes Gefühl ist nicht nur eine seelische, sondern auch eine körperliche Realität. Davon können Sie sich leicht überzeugen. Denken Sie an ein beliebiges Gefühl, zum Beispiel Wut – an einen Menschen, auf den Sie wütend, oder an eine Sache, über die Sie wütend sind. Schließen Sie die Augen und beobachten Sie, was dabei in Ihrem Körper geschieht. Wahrscheinlich nehmen Sie eine starke Anspannung an verschiedenen Stellen Ihres Körpers – Fäuste, Kiefer, Bauch – wahr und in dieser Anspannung eine Zusammenballung von Energie. Das ist Ihre Wut. (Bitte aufatmen und ausseufzen, damit sich die Anspannung wieder lösen kann.)

Denken Sie nun an eine Sehnsucht, derer Sie sich bewusst sind. (Zu den unbewussten Sehnsüchten – Hauptthema dieses Buches – kommen wir später.) Haben Sie diese Sehnsucht jemals gefühlt? Schließen Sie die Augen. Konzentrieren Sie sich auf Ihre Sehnsucht. Lassen Sie Gedanken und Bilder aufsteigen, die Ihre Sehnsucht zum Ausdruck bringen. Richten Sie Ihre Aufmerksamkeit dann auf Ihren Körper. Spüren Sie Ihren Atem. Beobachten Sie, was Sie im Körper spüren, während Sie an Ihre Sehnsucht denken. (Die meisten Menschen verspüren in der Herzgegend ein Ziehen nach vorn.) Vertiefen Sie sich in diese Körperempfindung und fühlen Sie Ihren Atem. Auf diese Weise kommen Sie dazu, das Gefühl zu erleben und nicht nur zur Kenntnis zu nehmen oder darüber nachzudenken. Sie fühlen das Gefühl, statt es nur zu haben.

Sie können nun noch einen Schritt weiter gehen, indem Sie Ihr Herz für Ihre Sehnsucht öffnen. Ihr Herz ist der fühlende Kern Ihres Wesens. Es ist der zentrale Teil Ihrer selbst, der fühlen kann, ohne sich mit dem Gefühl zu identifizieren. Im Zustand der Offenheit kann Ihr Herz alles fühlen und verstehen – fremde wie eigene Gefühle. Wenn sich Ihr Herz einem Gefühl öffnet, geschieht dies aus einer inneren Regung des Erbarmens, des Verständnisses oder der Achtung heraus. Diese Öffnung des Herzens können Sie willentlich in Gang setzen. Dazu müssen Sie mit dem betreffenden Gefühl in Kontakt treten (indem Sie es mit Ihrem Atem in Ihrem Körper spüren) und sich dann fragen, was es von Ihrem Herzen braucht: Anerkennung, Erlaubnis, Raum, Achtung, Erbarmen, Verständnis, Beachtung oder Zuwendung[9]? Denken Sie diese Worte, während Sie mit Ihrer Sehnsucht in Kontakt sind. Probieren Sie sie einfach durch wie die Schlüssel an einem Schlüsselbund, bis Sie merken, welches passt. Wenn Sie das richtige Wort gefunden haben, reagiert Ihre Sehnsucht mit Erleichterung, und es gibt eine kleine oder große innere Erschütterung (positiver Art), eventuell begleitet von Tränen. Danach werden Sie sich anders fühlen als vorher. Manchmal fühlt man sich wie heimgekehrt, endlich wieder eins mit sich selber, auf jeden Fall aber erleichtert und froh. Das seltsamste ist, dass man sich von neuer Hoffnung erfüllt fühlt – auch wenn es dem Verstand noch so unlogisch erscheint – und zugleich, paradoxerweise, etwas losgelöster von dem Drang, das Ziel oder Objekt seiner Sehnsucht unbedingt erreichen zu müssen.

Sie können übrigens noch einen Schritt weitergehen, einen Schritt in Richtung Erfüllung Ihrer Sehnsucht (oder Sie überspringen diesen Teil, bis Sie sich in Ruhe dem Praxisteil zur körperzentrierten Herzensarbeit, Seite 123, widmen wollen).

Schließen Sie erneut die Augen. Spüren Sie Ihren Atem. Treten Sie noch einmal in Kontakt mit Ihrer Sehnsucht. Erlauben Sie ihr nun, sich das Erreichen ihres Zieles auszumalen. Imaginieren Sie nach Herzenslust. Sehen Sie sich am Ziel Ihrer Wünsche. Stellen Sie sich vor, wie das wäre. Wie Sie sich dabei fühlen würden. Lernen Sie dieses Gefühl kennen. Wie fühlt es sich in Ihrem Körper an? Spüren Sie Ihren Atem und hauchen Sie diesem Gefühl Leben ein. Lassen Sie es zu, sich so zu fühlen. Es ist ein Gefühl! Es existiert bereits in Ihnen. Sie müssen es nur wecken. (Falls Sie das als schwierig empfinden oder falls Widerstände auftauchen, wiederholen Sie das Ganze, nachdem Sie den Praxisteil gelesen haben.) Wenn Sie es eine Weile gefühlt haben, geben Sie diesem Gefühl einen Platz in Ihrem Herzen. Fragen Sie sich, was es von Ihnen braucht. Möchte es gefühlt werden? Da sein dürfen? Angenommen werden? Raum bekommen? Oder Anerkennung? Beachtung? Zuwendung?

Welches der richtige Schlüssel ist, merken Sie eindeutig an der inneren Reaktion. Wenn Sie dem schönen Gefühl auf diese Weise ganz bewusst einen Platz in Ihrem Herzen gegeben haben, stellt sich im Innern die Erfüllung ein, nach der Sie im Äußeren gesucht haben. Nun gehört das Gefühl Ihnen. Sie brauchen nicht mehr unbedingt den äußeren Auslöser, um es in sich zu wecken, und niemand kann es Ihnen mehr wegnehmen. Äußere Umstände und andere Menschen können dieses Gefühl nicht in Ihnen erschaffen, sondern nur wecken. Es war in der Tat immer schon in Ihnen vorhanden, jedoch latent. Oder unbewusst. Nun existiert es bewusst in Ihrem Innern und Sie können es jederzeit wieder hervorrufen.

Solange wir die Sehnsucht nur haben, aber nicht fühlen, sind wir – bewusst oder unbewusst – mit ihr identifiziert. Wir leiden, solange wir nicht am Ziel unserer Sehnsucht sind. Dieses Leid können wir verdrängen oder wahrnehmen, aber es ist vorhanden. Wir werden von unserer Sehnsucht in Beziehungen und Situationen getrieben. Wir machen uns abhängig von Menschen oder Umständen, von denen wir uns die Erfüllung unserer Sehnsucht versprechen. Vielleicht wird uns hier und da ein wenig von dem ersehnten Glück zuteil, aber wenn sich die Menschen oder Umstände verändern oder aus unserem Leben verschwinden, ist es aus damit.

Fühlen wir unsere Sehnsucht aber, so ist ihre Erfüllung

nichts, was von bestimmten Menschen oder Umständen abhängt, sondern etwas, das von innen heraus geschieht; in gewisser Weise unsere eigene Angelegenheit. Auch wenn sie nicht vom Ego oder vom Ich gesteuert wird, wird sie auf geheimnisvolle Weise von einer Instanz in uns selber in die Wege geleitet.

Fühle ich meine Sehnsucht, so werde ich nicht mehr von ihr beherrscht; sondern sie ist ein Gefühl, das ich in mir wahrnehme und das mich wie kein anderes mit mir selber verbindet, mit meinem innersten Wesen.

Wenn ich meine Sehnsucht nicht fühle, sondern nur habe, kann es leicht geschehen, dass sie sich nie realisiert. Ich weiß zwar, dass sie da ist, und manchmal seufze ich und erinnere mich an diese Sehnsucht und daran, dass es eigentlich traurig ist, dass ich sie nicht lebe, aber … Und dann kommen die ganzen Abers und das Ganze bleibt ein nicht gelebter Traum, eine Luftblase. Mir selber passiert das auch immer noch. Aber dann kommt der Moment, in dem ich mich erinnere. »Du lieber Himmel, diese Sehnsucht habe ich schon so lange … Und so oft habe ich mich schon beklagt, weil es in meinem Leben keinen Raum gibt für diese Sache … Wie oft war ich schon traurig darüber … Und doch habe ich nie daran gedacht, sie bewusst zu fühlen!« Und sobald ich das tue, sobald ich die Sehnsucht in mir spüre, ohne Wenn und Aber einfach als Gefühl in mir aufsteigen lasse, spüre ich, wie ich im selben Moment an einen inneren Kraftstrom angeschlossen bin, der sich – oder besser gesagt mich – in Richtung Verwirklichung bewegt. Und plötzlich ist das, was vorher aussichtslos erschien oder lediglich ein schöner Traum war, den man gelegentlich beseufzt, eine reale Möglichkeit geworden, neue Hoffnung regt sich in mir, und meine Seele atmet auf.

ÜBUNG: Fühlen lernen

Üben Sie fühlen. Nehmen Sie sich vor, mitten in Ihrem alltäglichen Leben von Zeit zu Zeit Ihren Atem wahrzunehmen und Ihren Körper zu spüren. Vor allem, wenn die Dinge schwierig werden! Üben Sie, bei sich zu sein und sich zu fühlen. Fragen Sie sich zunächst weniger: »Wie fühle ich mich?«, sondern mehr: »Fühle ich mich?«

Sehnsucht: Das wahre Gefühl des Herzens

Das innerste Wesen von allem ist Sehnsucht.
JOHN O'DONOHUE [10]

Sehnsucht ist das ursprüngliche und eigentliche Gefühl unseres Herzens. Sehnsucht hat uns in dieses Leben gebracht – unsere eigene Sehnsucht und die unserer Eltern, aber auch die Sehnsucht des Lebens nach sich selbst, die Sehnsucht der Natur nach Entfaltung, die Sehnsucht Gottes, sich selbst dadurch kennen zu lernen, dass Er/Sie sich in diversen Gestalten ausdrückt, die Sehnsucht der Intelligenz, sich selber zu erfahren. Sehnsucht treibt uns an, im Leben voranzuschreiten, uns zu entfalten, Beziehungen einzugehen, Familien zu gründen, Kunst- und andere Werke zu erschaffen, uns Wissen anzueignen. Sehnsucht ist die Triebkraft der Evolution, individuell wie kollektiv. Obwohl Sehnsucht eine Kraft ist, die in uns allen gleichermaßen wirkt, ist sie doch das allerintimste und persönlichste Gefühl, das es gibt.

Nirgendwo bin ich mehr zu Hause als in meiner Sehnsucht – nicht an meinem Lieblingsort, nicht bei dem allerliebsten Freund, nicht in meiner schönsten Erinnerung ... Es ist, als bestünde mein eigenes Wesen aus Sehnsucht, und nur dann, wenn ich meine Sehnsucht fühle, bin ich mit meinem eigenen Wesen, meiner Seele in Kontakt.

Nach Hause finden zu seiner Sehnsucht ... In den Momenten der größten Intimität mit dir selber, wenn du die Tür zur allergeheimsten Kammer deines Herzens öffnest – was findest du darin? Deine Sehnsucht. Deine vergrabene, vergessene, verleugnete Sehnsucht. Wovon sprechen die meisten Gedichte? Von der Sehnsucht. (Oder von der Bitterkeit der vergrabenen Sehnsucht.) Wovon singen die meisten Lieder? Von Sehnsucht. Wovon künden die meisten unserer Gebete? Von unserer Sehnsucht. Doch wo hat diese Sehnsucht in unserem ganz realen täglichen Leben ihren Platz? Gelegentlich taucht noch ein blasser Abklatsch von ihr auf, ein degeneriertes Echo unserer großen Sehnsucht ... Wenn wir im Büro sitzen und uns nach dem Feierabend sehnen beispielsweise (Feierabend! Was ist aus der Sehnsucht unserer Seele geworden, das große, herrliche Abenteuer Leben zu feiern? Ein »Feierabend«!).

Nun lassen Sie uns sehen, wie wir nach Hause finden können zu unserer Sehnsucht.

ÜBUNG: Geheimkammer

Ziehen Sie sich für eine Meditation zurück. Spüren Sie Ihren Atem. Wenden Sie sich Ihrem Herzen zu. Stellen Sie sich vor, dass sich in der Tiefe Ihres (spirituellen) Herzens eine geheime Kammer befindet, zu der niemand anders Zutritt hat als Sie selber – weder Ihre Familienangehörigen noch Ihr Lebenspartner, Ihre Freunde oder Ihre Eltern noch der Gott Ihrer Kindheit, der Ihnen Vorschriften macht. Dies ist Ihre ganz geheime Geheimkammer. Sie hat keine Fenster. Niemand kann hereinschauen. Betreten Sie diese Kammer, schließen Sie die Tür hinter sich und finden Sie Ihre wahren Wünsche.

Zurück zum Anfang

Ich war ein verborgener Schatz,
und ich sehnte mich danach,
entdeckt zu werden.
GOTT IN EINER »HADITH«[11]

Am Anfang war das Nichts, das potenziell alles enthielt: Alles Wissen, alles Sein, alles Erleben – als Möglichkeit. Als Potenzial. Latent. Schlummernd. Alles in seliger Einheit mit allem. All-das-was-ist fand das offenbar nicht genügend. In sich zu ruhen, in stummer Glückseligkeit, nichts seiend, doch alles enthaltend – war nicht genug.
Im Herzen des Seins erhob sich Sehnsucht.
Sehnsucht, sich selbst kennen zu lernen.
All seine herrlichen Möglichkeiten zu gebären.
Sie zu bewundern.
Sehnsucht, bewundert zu werden.
Entdeckt zu werden.
So entstanden Staub und Stern und Stein, Feuer und Wasser und Wind, Sonne und Erde, Farn und Rose, Frosch und Ameise, Tiger und Bär und du.
Aus Sehnsucht.

Sehnsucht brachte dich ins Leben. Auf diese Erde, in diese Gestalt, in diese Familie, diese Zeit. Sehnsucht treibt dich, dich zu entfalten. All deine herrlichen Möglichkeiten zu gebären. Du selbst zu werden – dein volles Potenzial zu verwirklichen. Dich mit anderen zu vereinen und neue Kinder, neue Möglichkeiten, neue Fähigkeiten, neue Werke hervorzubringen.

Sehnsucht ist das eigentliche Gefühl deines Herzens. Das wahre Gefühl, die wahre Emotion. Emotion bedeutet wörtlich eine Bewegung, die heraus führt. Aus deinem innersten Zustand – ewige Glückseligkeit – erhebt sich eine Bewegung: Sehnsucht.

Jene ewige Glückseligkeit, die nach den großen spirituellen Lehren unserer Welt unsere innerste und ursprüngliche Natur ist, liegt jenseits unserer gewöhnlichen Erfahrung. Viele Menschen betrachten das Erreichen dieser Glückseligkeit als das Ziel ihrer spirituellen Reise. Allerdings ist diese Glückseligkeit immer da. Man muss nur die Perspektive seines Bewusstseins verändern. Das erreicht man durch Meditation, Gebet und spirituelle Übungen. Manchen geschieht es auch spontan, ohne spirituelle Disziplin, das scheint jedoch selten zu sein.

Gefangen in der Perspektive unserer alltäglichen Sichtweise, haben wir keinen Schimmer von dieser Glückseligkeit. Aber wir sehnen uns alle nach Glück. Dieses Glück, das wir normalerweise ersehnen und erleben, ist ein blasser und vergänglicher Abklatsch der innersten Glückseligkeit.

Verliebt Hand in Hand spazieren gehen ... ein Augenblick von Glück. Eine große Geldsumme erhalten ... endlich seine Schulden bezahlen können ... das Haus bekommen, das man sich gewünscht hat ... die ersehnte Reise antreten ... glückliche Momente. In die Arme des oder der Geliebten sinken ... im warmen, friedlichen Salzwasser einer griechischen Bucht auf dem Rücken treiben ... Wind und Sonne auf der Haut spüren ... Momente einer Wonne, die man Seligkeit nennen könnte.

Für dieses Glücksempfinden brauchen wir Auslöser. Im Allgemeinen sind wir nicht in der Lage, es einfach in uns zu erzeugen, und ebenso wenig können wir es als Dauerzustand erhalten.

Bestimmte Ereignisse lösen diesen Zustand in uns aus, und wenn diese Ereignisse vorbei sind, erlischt auch das Glück in unserem Innern. Wir können uns noch daran erinnern, aber diese Erinnerung macht uns meistens nicht glücklich, sondern löst Nostalgie aus, ein eher trauriges Gefühl. Jene Glückseligkeit aber, unser ursprünglicher und eigentlicher Zustand, ist einfach da, aus sich heraus, völlig unabhängig von irgendwelchen Umständen und obendrein ewig.

Manche glauben, man müsse sterben, um in die ewige Glückseligkeit einzugehen.

Andere glauben, man müsse fleißig meditieren. Wieder andere glauben, man müsse gute Taten tun, um sie zu erreichen. Von alledem stimmt nach meinem Dafürhalten etwas, und etwas stimmt nicht.

Tatsächlich muss man sterben, um in sie einzugehen – aber nicht der Körper muss sterben, sondern unsere Identifikation mit dem Gedanken, vergängliche und vom Rest des Universums abgetrennte Wesen zu sein. Tatsächlich bietet Meditation – die ja zunächst nichts ist als ein Innehalten und Innewerden – Gelegenheit, die Glückseligkeit im Innern zu erleben.

Was jedoch nicht bedeutet, dass man durch fleißiges Meditieren automatisch dorthin gelangt. Und tatsächlich hindern uns »schlechte Taten« daran. Aber nur deshalb, weil sie Leid in uns erzeugen und aus der Illusion der Getrenntheit hervorgehen, und dieses Leid und diese Illusion trennen uns von der Glückseligkeit.

Was uns aber vor allem daran hindert, die innere Glückseligkeit wahrzunehmen, ist unsere Anhaftung an der Identifikation mit unseren Ängsten und unseren Wünschen. Wir haben vor so vielen Dingen Angst und verschließen uns damit vor einem Großteil des Spektrums an Erlebensmöglichkeiten, das uns eigentlich zur Verfügung steht. Und wir beharren so sehr darauf, dass für unser Glück diese und jene bestimmte Sache notwendig sei, dass wir uns gegen alle Erlebnismöglichkeiten sperren, die diese bestimmte Sache nicht beinhalten. Mit anderen Worten, wir machen es uns verdammt schwer, glücklich zu sein oder gar an die innere Glückseligkeit heranzukommen.

Der Buddhismus lehrt, dass die Anhaftung an unsere Wünsche die Ursache unserer Leiden sei. Im Yoga, im Vedanta und im Hinduismus gibt es ähnliche Auffassungen. Daraus folgern viele spirituelle Menschen, es gehe darum, seine Wünsche loszuwerden. Christlich erzogene Menschen verfügen, was gut zu dieser Theorie passt, über ein angeborenes Schuldgefühl, wenn es darum geht, sich Wünsche zu erfüllen. Verzicht, meinen viele, sei edel. Aber wo kommen wir hin, wenn wir uns unsere Wünsche verkneifen? Nicht zur ewigen Seligkeit, sondern zur immerwährenden Lustlosigkeit. Zu Resignation, Verbitterung und dem Gefühl, ein Opfer zu sein. Zu Vorwurf, Groll, Hass und Neid all denen gegenüber, die sich ihre Wünsche erfüllen. Zu Überheblichkeit, Scheinheiligkeit oder in die Depression. Sich seine Wünsche zu verkneifen ist also nicht der Weg.

Buddha hat das eigentliche Übel ja auch nicht in den Wünschen gesehen, sondern in der Anhaftung. Nicht von den Wünschen muss sich lösen, wer vom Leid befreit werden möchte, sondern von der Anhaftung.

Anhaftung ist ein anderes Wort für Identifikation. Solange ich mit einem Wunsch identifiziert bin, beherrscht mich dieser Wunsch und ich kann mir mich selbst nicht ohne ihn vorstellen. Der Wunsch gehört zu mir, und die Tatsache, dass er (noch) nicht erfüllt ist, erzeugt Leid, seine Erfüllung aber erzeugt Glück, zumindest in der Vorstellung, die ich vorher davon habe. Der Wunsch also macht aus dem zufrieden in sich ruhenden Wesen, das ich sein könnte, ein geplagtes, gejagtes, unzufriedenes und auf ein bestimmtes Ziel fixiertes. Schauen Sie sich die Babys an: Mit welcher Wonne sie in sich selber ruhen, wenn sie nicht gerade körperliche Not erleiden, bis wohlmeinende Eltern sie darauf dressiert haben, die Quelle ihres Glücks in Objekten zu suchen, die sich außerhalb ihrer selbst befinden!

Nun wünsche ich mir diese bestimmte Sache und ich werde erst glücklich und zufrieden sein, wenn ich sie bekommen oder erreicht habe, und so lange das nicht der Fall ist, werde ich unzufrieden sein (und bald nach Erreichen des Ziels wahrscheinlich auch wieder). Das ist die Art, wie ich mich von der mir innewohnenden Glückseligkeit abtrenne.

Um aus dieser negativen Fixierung eine positive, schöpferische und erfüllende Angelegenheit zu machen, muss ich aufhören, mich mit dem Wunsch zu identifizieren (also die »Anhaftung« aufgeben), und ihn stattdessen bewusst wahrnehmen. Anstatt zu denken »Ich wünsche mir das«, muss ich feststellen: »Aha, in mir gibt es diesen Wunsch.« Ich muss meine Blickrichtung umkehren. Anstatt die zu sein, die sich dieses Bestimmte wünscht und aus dieser Perspektive heraus die Welt betrachtet, muss ich die werden, die den Wunsch betrachtet.

Wenn man den Wunsch näher betrachtet, stellt man fest, dass er ein von einem Gefühl belebter Gedanke, verbunden mit einer bestimmten Körperempfindung, ist. Der Gedanke lautet sinngemäß: »Ich möchte das erreichen«, »Ich wünsche mir das« oder »Ich sehne mich danach.« Die Körperempfindung ist im Allgemeinen ein Ziehen in der Herzgegend, und das, was sich zwischen dem Gedanken und der Körperempfindung auf seelischer Ebene abspielt, nennen wir Sehnsucht.

In genau diesem Gefühl, der Sehnsucht, liegt der Schlüssel sowohl zur Befreiung als auch zur Erfüllung. Solange Sie mit Ihrem Wunsch identifiziert sind, fühlen Sie die Sehnsucht nicht. Wenn Sie jedoch Ihre Aufmerksamkeit auf das Gefühl der Sehnsucht lenken und es ganz bewusst in sich zu spüren beginnen, setzen Sie die schöpferische Kraft in Gang, die der Sehnsucht innewohnt. Gleichzeitig lösen Sie sich von dem, was Ihr Leid erzeugt: von der Anhaftung – sprich Identifikation – mit dem Wunsch, die Sie glauben lässt, Sie könnten ohne X oder Y nicht glücklich sein. Nun sind Sie nicht mehr der, der von einem Wunsch beherrscht wird, sondern der, der seine Sehnsucht fühlt. Das ist ein völlig anderer Zustand. Solange ich von dem Wunsch beherrscht werde, befinde ich mich in einem reduzierten, abhängigen und irgendwie leidenden Zustand. Wenn ich aber den Wunsch bewusst wahrnehme und die Sehnsucht fühle, bin ich in einem Zustand der Ganzheit. Das Interessante ist, dass die Glückseligkeit, die man sich eigentlich von der Erfüllung der Sehnsucht erhofft hatte, ihr bereits innewohnt – sobald man sich erlaubt, die Sehnsucht in ihrem ganzen Ausmaß zu fühlen, ohne mit ihr identifiziert zu sein. (Darüber später mehr.)

Die Seligkeit, die ich suche, wohnt ja bereits in mir. Meine Sehnsucht ist die Kraft, die danach trachtet, sie mir konkret erlebbar zu machen. Die Sehnsucht braucht das Objekt nicht zu ihrer Erfüllung, sondern sie erschafft Erfüllung, indem sie mich mit dem ersehnten Gefühl in Kontakt bringt. Wenn ich ihr innerlich folge, führt sie mich automatisch in diesen Zustand. Alles, was ich zu tun habe, ist, ihn bewusst zu erleben! Auf diese Weise erlebe ich die ersehnte Erfüllung in meinem Innern. Und dieser erfüllte innere Zustand wird sich ganz von selbst in meiner äußeren Realität spiegeln. Das ist die Magie der Sehnsucht.

ÜBUNG: Den Wunsch fühlen

Denken Sie an einen Ihrer Wünsche. Spüren Sie Ihren Atem und Ihren Körper und fühlen Sie die Sehnsucht, die sich in diesem Wunsch zum Ausdruck bringt.

Erleben Sie, wie »wünschen« oder »sehnen« sich anfühlt. Stellen Sie sich dann vor, Ihr Wunsch sei schon in Erfüllung gegangen. Wie würden Sie sich fühlen? Wie fühlt sich das an? Untersuchen Sie auch dieses Gefühl. Lernen Sie es kennen.

Das Versprechen, das wir uns selber gegeben haben

Ich esse das Brot dieser Welt, und ich tue die Arbeit jener Welt.

RABIA AL'ADAWIYA [12]

Bevor wir in dieses Leben gekommen sind, haben wir uns ein Versprechen gegeben: »Ich werde dies tun – ich werde das erreichen – ich werde diesem oder jenem Zweck oder Ideal dienen – ich werde meiner Seele Erfüllung bringen« oder wie immer dieses Versprechen sinngemäß gelautet hat. Mit unserer Geburt in die Inkarnation geht uns die Erinnerung an dieses Versprechen normalerweise verloren. Dennoch verfügen wir über einen inneren Kompass, der uns den Weg zur Erfüllung unseres Versprechens weist. Wann immer wir nicht mehr auf dem Weg zu diesem inneren Ziel sind, verspüren wir Unzufriedenheit. Anstatt uns von der Unzufriedenheit abzulenken und sie mit Suchtmitteln zu überdecken, brauchen wir eigentlich nichts weiter zu tun, als die Unzufriedenheit bewusst zu fühlen. Daraus erhebt sich ganz von selbst die Sehnsucht nach Erfüllung und die Suche nach dem, was uns wahre Erfüllung verschaffen kann.

Auch wenn wir uns nicht daran erinnern, uns ein Versprechen gegeben zu haben, und es durch die Art, wie wir leben, nicht einlösen, fühlen wir uns unterschwellig stets ein wenig schuldig. Wenn wir unbewusst mit diesem Schuldgefühl identifiziert bleiben, kann es uns passieren, dass wir uns unserer Bestimmung nicht mehr für würdig halten und andere Menschen bewundern und beneiden, die sich ganz offensichtlich treu geblieben sind. Möglicherweise gesellen wir uns zu den Abtrünnigen und sind auch noch stolz darauf. Gemeinsam lästern wir über die Braven und Erfolgreichen und verschaffen uns ein Ersatz-Selbstwertgefühl dadurch, dass wir uns für besser halten als diese, weil wir ja so »revolutionär« sind.

Das Versprechen aber existiert, auch wenn wir es vergessen und gebrochen haben, und es wirkt weiter, ob wir es wollen oder nicht. Es arbeitet so lange als Unzufriedenheit und Schuldgefühl in uns, bis wir es bemerken und auf unseren Weg zurückkehren – mitsamt dem Bewusstsein unserer Unzulänglichkeit und Schwäche. Anstatt uns in Schuldgefühl und Wertlosigkeit zu suhlen, können wir Schuldgefühl und Wertlosigkeit als das wahrnehmen, was sie sind – Gefühle und nicht Tatsachen – und ihnen unser Herz öffnen. Dann erleben wir uns plötzlich als zugehörig anstatt als ausgeschlossen, und können uns mitsamt unseren menschlichen Schwächen annehmen. Wir sind wieder auf dem Weg und entdecken, dass wir auf diesem Weg nicht allein sind. »Komm, komm, wer immer du bist – auch wenn du deine Gelübde schon tausendmal gebrochen hast; wir sind keine Karawane der Verzweiflung.«[13]

Zur Kontemplation

Welches Versprechen haben Sie sich gegeben? Sie können darüber nachdenken, aber vermutlich werden Sie es auf diesem Wege nicht finden. Besser ist es, einfach die Frage stellen, ohne sie zu beantworten. Die Antwort wird auftauchen, wenn die Zeit reif ist, sei es sofort, ganz spontan, sei es in tieferer Meditation, sei es im Traum oder auf anderen Wegen.

Wir sind umso lebendiger, je mehr wir unsere Sehnsucht leben

»Ich habe eine Idee!«, rief Amixipi. »Du wirst einfach an deinen Urwald denken und deine Sehnsucht fühlen, und dann werden wir deinen Füßen folgen.«
Tinji dachte nicht nach, sie ging einfach drauflos und vertraute ihren Füßen. Sie marschierten viele Stunden lang und verspürten keinerlei Müdigkeit. Tinji kam es so vor, als ob sie Entfernungen überwänden, die man eigentlich nur in mehreren Tagesmärschen zurücklegen konnte.
»Das ist die Sehnsucht«, erklärte Amixipi. »Sie macht deine Füße leicht.«

Safi Nidiaye [14]

Wenn Sie mir so weit gefolgt sind, sollten Sie bereits eine Ahnung davon bekommen haben, wie Sehnsucht uns mit Kraft und Leben erfüllen kann. Sehnsucht macht lebendig. Sehnsucht verbindet uns mit dem unendlichen Kraftreservoir unserer Seele. Seine Sehnsucht zu fühlen bedeutet, eins mit dem innersten Bestreben seiner Seele zu sein und somit glücklich, auch wenn das äußere Ziel der Sehnsucht nicht erreicht ist.

Je mehr wir die Sehnsucht in uns zulassen, ihr Raum geben, je mehr wir unser Leben dem widmen, wonach wir uns wirklich sehnen (statt immer nur dem, was sein muss oder was wir tun sollen!), desto befreiter atmen wir, desto mehr Energie durchströmt uns. Wir fühlen, dass wir auf unserem eigenen Weg sind. Ganz gleich, was andere sagen oder denken, wir sind eins mit uns. Und plötzlich kommt es uns gar nicht mehr so sehr darauf an, unser Ziel so schnell wie möglich zu erreichen. Vielmehr geht es uns nun darum, auf dem Weg zu sein, den unser Herz uns weist. Der Weg ist das Ziel! Jeder Schritt auf diesem Weg ist bereits Erfüllung. Aber man muss den Weg gehen, um das zu verstehen. Für den Verstand ist es paradox.

Aus der Mitte unseres Seins, so sagte ich an früherer Stelle, erhebt sich eine Sehnsucht: die Kraft, die aus Möglichkeiten Realität werden lässt. Die Kraft nennen die Sufi-Mystiker die »göttliche Sehnsucht nach Manifestation«. Somit ist Sehnsucht die treibende Kraft hinter allem Werden. Die Kraft, die auch uns selber antreibt. Der Treibstoff unseres Lebens. Wozu leben, wenn nicht, um einer ungeborenen Möglichkeit zur Existenz zu verhelfen? Einer neuen Seinsweise? Einer neuen Fähigkeit?

Wenn keine Sehnsucht mehr in uns lebendig ist, geht uns sozusagen der seelische Treibstoff aus. Körperlich und geistig funktionieren wir dann zwar noch. Wir existieren weiter, tun unsere Arbeit, kommen unseren häuslichen Pflichten nach, aber wir sind nicht mehr mit der Seele dabei. Das hat zur Folge, dass das Leben anstrengend, langweilig und letztlich unerfreulich wird. Wenn man nicht weiß, woran das liegt, wird man wahrscheinlich versuchen, Abhilfe zu schaffen, indem man sich mehr Bewegung, mehr Abwechslung, gesündere Nahrung, eine andere Tätigkeit oder sonst etwas verschafft, wovon man sich eine Anhebung des Energieniveaus und der Laune verspricht. Kurzfristig greifen diese Maßnahmen meist auch. Langfristig aber kann nur eins uns wirklich kurieren: Nur die Seele kann Körper und Geist wirksam wiederbeleben. Es hilft nichts, wir müssen unsere Sehnsucht ausgraben – oder wir können uns bald selber begraben.

Zur Kontemplation

Wie lebendig fühlen Sie sich? Wann fühlen Sie sich besonders lebendig? In welcher Weise müsste sich Ihr Leben verändern, damit Sie sich wieder lebendig fühlen könnten?

Wer seine Sehnsucht begräbt, begeht ein Stück Selbstmord

Entdeckungen entzücken das Herz … Wenn wir
die Wünsche unseres Herzens zwischen starre Mauern
des Glaubens, der Moral und der Konvention
verbannen, missachten wir den Aufruf zur Entdeckung.
Wir schaffen graue Felder stiller Verzweiflung.

John O'Donohue [15]

Erinnern Sie sich an Zeiten, da Sie frei umherschweifen und nach Herzenslust Neues entdecken konnten? Erinnern Sie sich an Momente, da Sie einem Ereignis sehnsüchtig entgegenfieberten? Erinnern Sie sich daran, wie Sie auf den Flügeln der Sehnsucht Ihrem Traum entgegen flogen? Oder an Augenblicke, in denen Sie Ihrer Sehnsucht in einem Lied, einem Gedicht, einem Bild oder einem Brief Ausdruck verliehen? Wenn Sie nun Ihr heutiges Leben betrachten: Ist es reich an solchen Momenten? Oder gab es sie nur in Ihrer Vergangenheit? Träumen Sie immerhin noch manchmal davon, wieder solch glorreiche Zeiten zu erleben – Abenteuer, Reisen, Entdeckungen, sich neu verlieben, Großes verwirklichen? Oder ist all das für alle Zeiten abgehakt?

»… In jeden neuen Tag mit frischeren Fähigkeiten hinein erwachen, alles immer wieder zum ersten Mal sehen … Die Talente in sich bis zur Genialität wachsen fühlen; jubeln in der Zuversicht, alle Möglichkeiten und Entwicklungen immer noch vor sich zu haben, sodass die Nachfreude am Erreichten stets mit der Vorfreude des Erwarteten an einem hohen Mittag ohne Ende zusammenfließen.«[16] Entsprechen diese Zeilen von Prentice Mulford ungefähr Ihrem Lebensgefühl? Wenn nicht, können Sie sicher sein, dass Sie Ihrer Seele untreu geworden sind, dass Sie eine wichtige Sehnsucht begraben haben.

Unser wahres Wesen ist voller Sehnsucht. Es hat Sehnsucht danach, sich zu entdecken, indem es sein Potenzial verwirklicht; Sehnsucht nach kreativem Ausdruck, Sehnsucht nach Leben, nach Ekstase, nach Freude, nach Erfüllung; danach, aus einem übervollen Herzen zu geben; Sehnsucht, Neues zu erleben, zu entdecken, kennen zu lernen; Sehnsucht nach Erkenntnis und Verstehen, aber auch nach Heimkehr aus der Welt der Getrenntheit in die selige All-Einheit.

Hinzu kommen die Sehnsüchte unseres inneren Kindes, die aus nicht erfüllten kindlichen Bedürfnissen resultieren: die Sehnsucht nach Liebe, nach Schutz und Geborgenheit, nach Verständnis, nach Anerkennung, nach Achtung, Wertschätzung, Zugehörigkeit, nach Unschuld oder Erlösung von der Schuld, nach Gerechtigkeit; die Sehnsucht, Menschen zu haben, auf die man sich verlassen, denen man vertrauen kann, die zu einem stehen.

Die Lebensenergie in unserem Körper verhält sich gemäß unserer emotionalen Verfassung. Sind wir glücklich, so öffnen wir uns fröhlich der vitalen Energie unserer Umgebung. Wir bewegen uns gern, atmen tief, unser Herz arbeitet mit Leichtigkeit und Freude, unser Blut fließt ungehindert und versorgt unseren Körper mit den Nährstoffen, die er braucht; unsere Organe arbeiten gut, die Zellen unseres Körpers erneuern sich; wir scheiden aus, was wir nicht brauchen können, und so fort.

Jedes Gefühl, das uns durchströmt, verändert unsere körperliche Verfassung, da jedes Gefühl ein bestimmter Körperzustand ist. Freude macht den Körper lebendig, Traurigkeit schwer, Angst angespannt und Wut ist Anspannung und Zusammenballung von Energie zugleich. Resignation schwächt, Ohnmacht lähmt; Liebe macht weich und warm, und so fort. Vorübergehende Gefühle beeinflussen den Körper vorübergehend; bleibende Gefühle beeinflussen ihn bleibend.

Die Körperspannung, die mit einem chronischen Gefühl verbunden ist, wird ebenfalls chronisch. An bestimmten Stellen des Körpers – dort, wo die Energie des Gefühls festsitzt – kann die Lebensenergie nicht mehr frei fließen. Es gibt Staus, Blockaden, Über- oder Unterversorgung, mit anderen Worten: Symptome.

Wenn ich meine Sehnsucht chronisch unterdrücke, so hat dies zur Folge, dass mich ständig unterschwellig Gefühle von Mangel, Unzufriedenheit, Trauer, Mutlosigkeit, Sinnlosigkeit und eventuell Wut, Frustration, Neid und Bitterkeit begleiten. Diese Gefühle sind stets vorhanden, stehen aber nicht immer im Vordergrund des Bewusstseins. Durch gewisse Ereignisse wird das eine oder andere oder das gesamte Gefühlsknäuel an die Oberfläche geschwemmt.

Da ich den tatsächlichen inneren Hintergrund dieser Gefühlsmischung nicht kenne, werde ich die Ereignisse oder die Mitmenschen, welche die Gefühle ausgelöst haben, dafür verantwortlich machen. Ich werde dann vielleicht versuchen, die Situationen oder die Mitmenschen zu verändern, aber das verschafft, wenn es denn überhaupt gelingt, nur vorübergehend Erleichterung. Die negativen Gefühle sind weiterhin vorhanden, da ihre Ursachen immer noch vorhanden sind: der nicht gefühlte Schmerz und die unterdrückte Sehnsucht. Nach und nach werden die Energieblockaden chronisch. Wir nehmen weniger Energie auf als wir könnten und leiden an ständiger Unterversorgung. Wenig Energie bedeutet aber auch wenig Lebensfreude. Bis zu einem gewissen Grad können wir das zeitweise durch Sport, gesunde Ernährung oder Medikamente ausgleichen, aber nicht auf Dauer. Die Seele leidet, der Körper leidet und ohne es zu bemerken, begehen wir schleichenden Selbstmord.

Manche Menschen begehen bewusst und willentlich Selbstmord. Ich vermute, wenn man der Sache auf den Grund geht, wird man stets entdecken, dass sie das Leben nicht mehr aushalten konnten, weil eine bestimmte Sehnsucht in ihnen nicht leben konnte. Wenn ich mich umbringe, weil ein bestimmter Mensch mich verlassen hat, so gibt es einen Schmerz, den ich nicht aushalten kann – beispielsweise den Schmerz, verlassen zu werden, auf den ich mit dem Gedanken der Sinnlosigkeit reagiere (das Leben hat keinen Sinn mehr ohne diesen Menschen an meiner Seite). Doch darunter gibt es eine Sehnsucht, die keine Chance mehr hat: die Sehnsucht nach der Art von Glück, wie ich es in jener Beziehung erlebt habe. Vielleicht ist es das Glück der Erfüllung oder der seelischen Nähe oder das Gefühl, geliebt zu werden.

Ich bin dann der Auffassung, dass ich dieses Glück nur durch diesen einen Menschen und auf keinen Fall auf andere Art erlangen kann. Und da dieser Mensch von mir gegangen ist, gibt es diese Möglichkeit nicht mehr für mich. Statt aus dem Leben auszusteigen, könnte ich den Schmerz fühlen und die Sehnsucht die Trennung überleben lassen. Aber ich halte die Erfüllung der Sehnsucht für unmöglich ohne diese Person. Und wenn die Sehnsucht nach etwas, das so wichtig für mich ist wie dieses Glück, keine Chance mehr hat, dann hat auch das Leben keinen Sinn mehr und ich beende es.

Es kann aber auch sein, dass ich mich als Folge dessen, was mir in früher Kindheit widerfahren ist, mein Leben lang für schlecht, schuldig, abgelehnt und ablehnenswert halte und deswegen eine latent selbstzerstörerische Neigung habe, vielleicht gepaart mit Bitterkeit und Hass. Stets sagt eine innere Stimme im Hintergrund: »Wenn ich schon so schlecht bin, dann gebt mir doch endlich Zyankali, um mich aus der Welt zu räumen.« Wenn der Wunsch nach Erwachen in einem solchen Menschen noch nicht ausgeprägt ist, kann ihn ein äußeres Ereignis, das ihn in seinem Selbsthass bestätigt, womöglich dazu treiben, sich tatsächlich umzubringen. Hier ist die Sehnsucht, die nie eine Chance bekommen hat, wahrscheinlich die, als etwas Gutes wahrgenommen zu werden.

Oder nehmen wir den Fall eines Menschen, der sich wegen eines finanziellen Dramas umbringt. Er kann seine Schulden nicht bezahlen. Sie haben eine so astronomische Höhe erreicht, dass er zu dem Schluss kommt, es sei unmöglich, sie jemals abzuzahlen.

Also bringt er sich um. Die Sehnsucht, schuldenfrei und unbelastet existieren zu können, bekommt in seinem Geist keine Chance mehr; er begräbt sie unter der Überzeugung, dies sei völlig unmöglich.

»Sehnsucht ist das Wesen der Seele. Sie sehnt sich nach Schöpfung; sie sehnt sich danach, sich auszudrücken und zu erschaffen und ihre Schöpfung zu betrachten. Der Mensch ist Ausdruck der Seele; er ist das schöpferische Wesen der Schöpfung. Die Sehnsucht ist sein Treibstoff; sie muss genährt werden, unterhalten werden, im Bewusstsein bleiben. Sie darf nicht vergessen werden und in einer Ecke seines Lebens vermodern. Sonst geht der Mensch in seinen Emotionen unter.«[17]

Geläufiger als dieser plötzliche ist der schleichende Selbstmord. Der seelische Treibstoff ist uns längst ausgegangen, während wir immer noch brav weiterleben und unsere »Pflicht« erfüllen. Träume sind etwas für Kinder und für Spinner …

Wie lange kann man in einem Körper gesund und lebendig sein, in dem die Seele kein Zuhause mehr hat? Wie viele Menschen in unseren zivilisierten Gesellschaften sind krank?

So viele, dass Krankheit fast der Normalzustand ist, zumindest von einem gewissen Alter an. Wie schnell kann ein Mensch gesund werden, wenn man ihm die Hoffnung wiedergibt, einen Traum zu leben und eine Sehnsucht zu verwirklichen, die er längst begraben hatte!

Teil II

Die Vielfalt der Sehnsucht

Die drei Arten von Sehnsucht

Sehnsucht lässt dich werden,
und Sehnsucht bringt dich heim.
Lebe deine Sehnsucht!
Bringe Mir Erfüllung!
Und kehre heim.

Safi Nidiaye[18]

Es gibt drei Arten von Sehnsucht. Die erste resultiert aus einem Mangel (man sehnt sich zu bekommen, was einem in der Kindheit nicht zuteil wurde). Ich nenne dies die psychologische Sehnsucht. Die zweite resultiert aus der Fülle des seelisch-geistigen Potenzials, das nach Verwirklichung strebt (man sehnt sich danach, etwas zu werden, zu erreichen oder zu erschaffen). Das ist die Sehnsucht nach Verwirklichung oder Entfaltung. Die dritte schließlich ist unsere Sehnsucht, zu unserem Ursprung zurückzukehren. Die ersten beiden Arten der Sehnsucht führen in die Welt hinein, die dritte führt aus ihr hinaus, zurück zum Ursprung. Die ersten beiden hängen zusammen.

Jeder von uns verfügt über ein großes Potenzial an schlummernden Eigenschaften, Fähigkeiten, Talenten und Möglichkeiten, das nach Verwirklichung strebt. Die Kraft, die diese Manifestation vorantreibt, ist die Sehnsucht. Sie steigt aus der wortlosen Tiefe an die Oberfläche unseres Bewusstseins empor und äußert sich als Wunsch, als spezifische Sehnsucht. Und wenn es kein unverarbeitetes Trauma in unserer Psyche gibt, das mit dem Thema dieser Sehnsucht in Verbindung steht, finden wir es völlig natürlich, dieser Sehnsucht einfach zu folgen. Wir sehnen uns nach einem bestimmten Beruf, einer bestimmten Lebensform, einem bestimmten Objekt oder einem bestimmten Menschen und werden uns aufmachen, dieses Ziel zu erreichen. Oder wir sehnen uns nach bestimmten Qualitäten: gesund oder voller Freude zu sein, stark oder mächtig, schön, reich, glanzvoll, Meister eines Fachs zu sein oder ein Herz voller Mitgefühl, Liebe, Wärme, Verständnis oder Güte zu haben. Das sind nur Beispiele.

Immer entsteht diese Art von Sehnsucht aus etwas heraus, das in uns schlummert und nun erwachen möchte. Oft keimt sie in der Kindheit oder Jugend zum ersten Mal auf, verschwindet dann wieder von der Bildfläche und taucht zu einem späteren Zeitpunkt des Lebens – dann, wenn die Zeit für ihre Realisierung reif ist – wieder auf.

Die zweite Art von Sehnsucht ist psychologisch motiviert. Keiner von uns hatte eine ideale Kindheit. Jeder hat als Kind irgendetwas entbehrt, sei es die Geborgenheit des Am-Leib-getragen-Werdens, sei es das Gestilltwerden[19], sei es die Liebe der Mutter, die Anerkennung des Vaters, das Vertrauen oder den Beistand der Eltern oder auch die Eltern selber, wenn man diese durch Tod oder Trennung früh verloren hat ... Wir alle tragen psychologische Mängel mit uns herum, und jedem dieser Mängel wohnt eine Sehnsucht inne. Diese Sehnsucht wurde jedoch unter einer negativen Überzeugung begraben, bevor sie eine Chance hatte, sich entfalten und uns Erfüllung bringen zu können. Hat man sich als Kind ungeliebt gefühlt, so sehnt man sich nach Liebe. Nur leider ist man zutiefst und völlig unbewusst mit der Idee, ungeliebt zu sein, identifiziert, und diese Identifikation ist es, die einem im weiteren Leben die Erfahrung, geliebt zu werden, und das Annehmen von Liebe unmöglich macht. Hat man sich als Kind von einem Elternteil abgelehnt gefühlt, so sehnt man sich danach, angenommen zu werden, unterdrückt diese Sehnsucht jedoch, weil man unbewusst davon überzeugt ist, grundsätzlich ablehnenswürdig zu sein und daher gar nicht angenommen werden zu können.[20] Das gleiche gilt für die Sehnsucht nach Schutz und Sicherheit, nach Anerkennung, nach Dazugehören, nach Wertschätzung, Achtung und Beachtung und danach, jemanden zu haben, dem man vertrauen kann (Sehnsucht nach Verlässlichkeit), sowie jemanden, der immer für einen da ist (Beständigkeit).

Der Mangel an Erfüllung dieser elementaren kindlichen Bedürfnisse verursacht viel Leid im Leben von Heranwachsenden und Erwachsenen, genau genommen unser gesamtes psychologisch bedingtes Leid. Dabei ist es nicht eigentlich der Mangel, der das Leid verursacht, sondern die Tatsache, dass wir ihn nicht fühlen. Wir tun im Gegenteil alles, um Situationen aus dem Weg zu gehen, in denen wir ihn fühlen könnten (während unser Unterbewusstsein sein Bestes tut, um uns in genau solche Situationen hineinzumanövrieren). Was eigentlich unser Leid verursacht, ist die Angst vor dem Schmerz des Mangels. Doch das, was unser schmerzhaftester Mangel ist, kann sich als unsere größte Chance erweisen – die Chance, ein Kanal, ein Gefäß für genau die Qualität zu werden, an der es einem mangelt. (Darüber später mehr.)

Die dritte Art von Sehnsucht ist das Heimweh, die Sehnsucht, zu unserem Ursprung zurückzukehren. Tief in uns tragen wir das Wissen um das Paradies, um die ursprüngliche Einheit, die ewige Glückseligkeit, das Nirwana oder wie man es nennen will. Unsere Heimat. Aus dieser Einheit herauskatapultiert zu sein ist unser größter Schmerz, zu ihr zurückzufinden möglicherweise unsere größte Sehnsucht.

Die Sehnsucht nach Entfaltung

Gott ist voller Sehnsucht: Jeder Stein, jeder Baum, jede Welle und jedes menschliche Antlitz legen Zeugnis ab von der ewigen schöpferischen Regung der göttlichen Sehnsucht.

JOHN O'DONOHUE[21]

Der sehnsüchtige Gott ist an der Arbeit – auch im Betrunkenen, während er in den Straßengraben rollt.

PRENTICE MULFORD[22]

Die Erde sehnt sich nach dem Licht; sie sehnt sich danach, vom Licht der Sonne befruchtet zu werden, damit das, was in ihr schlummert, geweckt und entfaltet wird. Wie eine hochsensible Filmschicht wird die Erdoberfläche mit Informationen der Sonne bestrahlt, und so entsteht Leben. Der Same, der in der Erde steckt, sehnt sich nach Licht. Er sehnt sich danach, seinen innersten Kern zum Ausdruck zu bringen. Ebenso sehnen auch wir uns danach, das, was tief in uns verborgen ist, zum Ausdruck zu bringen.

FRANCIS DHAENENS[23]

Nach Auffassung der Sufis – und, wie man an den obigen Zitaten sehen kann, auch anderer Mystiker und Denker – ist das ganze Universum das Produkt der göttlichen Sehnsucht nach Manifestation. »Ich war ein verborgener Schatz, und ich wollte erkannt werden – deshalb schuf ich die Welt«, sagt

Gott in dem bereits zitierten außerkoranischen Wort[24]. Und Jelaluddin Rumi, der berühmte Sufi-Mystiker und Dichter, sagt in einem Zwiegespräch mit Gott:

> »Ich fragte: Wer bist du?
> Er sagte: Die Sehnsucht aller.
> Ich fragte: Wer bin ich?
> Er sagte: Die Sehnsucht der Sehnsucht.«[25]

Jeder von uns, jedes Wesen, jede Erscheinung in dieser Welt ist eine Art, wie der »verborgene Schatz« sich erkennbar macht – für jene, die »Augen haben zu sehen«. Und ebenso ist jeder von uns in seinem innersten Wesen ein »verborgener Schatz«, der sich danach sehnt, erkannt zu werden. Wir kennen unser eigenes Wesen nicht. Unser Potenzial ist uns nicht bewusst. Die einzige Möglichkeit, uns unserer inneren Schätze bewusst zu werden, besteht darin, sie zu manifestieren. Wir wissen nicht, wie intelligent, wie schön, wie stark, wie gütig, wie fähig, wie talentiert, wie mächtig wir sind, bis uns das Leben eines Tages in eine Situation versetzt, in der wir angeregt oder gezwungen werden, diese oder jene Fähigkeit an den Tag zu legen. Wir kennen unsere Stärke nicht, bis wir in eine Situation kommen, in der wir, vielleicht mit dem Rücken zur Wand, plötzlich stark sein müssen. Wir kennen unsere Liebesfähigkeit nicht, bis ein Mensch oder eine Situation sie aus uns hervorlockt.

So kann man das Leben als eine Aneinanderreihung von Ereignissen betrachten, die uns Gelegenheit geben, unsere schlummernden Fähigkeiten und Eigenschaften zu wecken und zu manifestieren. Dies ist die Auffassung der Sufis, wie sie sich in den Lehren von Pir Vilayat Khan niederschlägt.[26] Das Leben sorgt dafür, dass sich unser Potenzial entfalten kann, weil es ein Interesse daran hat. Wir sind ja das Leben selbst, in individualisierter Form. Wir verkörpern die Sehnsucht des Lebens nach seiner eigenen Manifestation.

Zutiefst zufrieden sind wir, wenn wir den Platz gefunden haben, an dem unsere besonderen Fähigkeiten gefragt sind, wo sie gebraucht werden und zum Einsatz kommen können, und zwar in einer Weise, die unserer Vorstellung von Sinn gerecht wird. Wenn wir einen Sinn sehen in dem, was wir tun. Das bedeutet nicht, dass unser Tun in einem hehren Kontext stattfinden muss. Es kann etwas ganz Gewöhnliches sein, solange wir nur Sinn darin sehen und in einer Weise, die unserem besonderen Potenzial angemessen ist, gefordert werden.

Wenn wir an einem Ort, in einer Arbeit oder in einer Beziehung keine Möglichkeit mehr sehen, zu wachsen und neue Talente zu entfalten, beginnen wir uns zu langweilen. Wir halten Ausschau nach neuen Herausforderungen. Es ist die Sehnsucht nach Manifestation, die da am Werk ist und uns vorwärts treiben möchte, neuen Ufern entgegen. In einer solchen Phase kann man sich fragen, ob der bestehende Rahmen (Job, Beziehung, Umfeld) Möglichkeiten bietet, die noch nicht ausgelotet sind, und was einen daran hindert, sie zu erforschen und zu nutzen, oder ob es tatsächlich an der Zeit ist, die äußere Situation zu verändern.

Unser Potenzial ist theoretisch unerschöpflich. »Zu irgendeinem Ziel in sich ›unmöglich‹ sagen, ist Sünde wider den Geist, da es ihn hindert, durch dich hindurch sich selbst zu wirken ... Stets sich sagen: Es ist möglich für mich, alles zu werden, was ich bewundere ...«[27] Es gibt aber im Wesentlichen zwei Faktoren, die uns daran hindern, immer neue Fähigkeiten, Qualitäten und Talente aus unserem unerschöpflichen Potenzial zu schöpfen. Der eine ist die Unwissenheit beziehungsweise der Mangel an Vertrauen in uns selber; der andere die Müdigkeit, die Antriebslosigkeit, die Resignation oder Depression, die daher kommt, dass wir unsere Sehnsucht begraben haben.

Normalerweise sind wir so sehr mit unserer aktuellen Persönlichkeit identifiziert, dass wir der festen Überzeugung sind, so und nicht anders zu sein. »Ich habe kein Verständnis für technische Dinge, dafür kann ich gut kochen … Für Sprachen habe ich kein Talent … Ich bin unmusikalisch, aber dafür kann ich gut malen … Ich bin ängstlich, schüchtern, verschlossen, verträumt …« Wir haben ein bestimmtes Bild von uns selbst, und unsere Umwelt bestätigt uns normalerweise in diesem Selbstbild. Besonders Menschen, die uns schon lange kennen, Familienmitglieder und Freunde, halten uns gern in dem altbekannten Bild fest. »Dorothea ist eher der schüchterne Typ … Sie träumt ja immer so gern … Sie kann nicht so gut mit Menschen.« Oft fürchten wir, die Zuneigung unserer Lieben zu verlieren, wenn wir anfangen, andere Eigenschaften als die altbekannten zu manifestieren.

Meditation und einige der modernen Therapieformen, aber auch der Umgang mit Kunst – Musik, Tanz, Schauspiel, Malerei, Bildhauerei, Dichtung – können uns Dimensionen unseres Wesens eröffnen, die uns bisher unbekannt waren, inneres Neuland sozusagen, und uns helfen, unser Selbstbild zu erweitern oder neu zu gestalten. Auch unsere engen zwischenmenschlichen Beziehungen, speziell die zu unseren Liebes- oder Lebenspartnern und Kindern, regen uns fortwährend an, neue Facetten unseres Wesens zu entdecken und zu entwickeln. Nur bestehen wir leider gerade in unseren engen Beziehungen oft auf unseren Grenzen und weigern uns entschieden, sie infrage zu stellen, zu überschreiten oder weiter zu stecken. »Das ist eine Zumutung für mich. Ich kann das nicht ertragen. So will ich das auf keinen Fall haben.«

Evolution ist eine wunderbare Sache, so lange wir daran teilnehmen. Sobald wir uns davor verschließen und versuchen, aus dem Strom der Weiterentwicklung auszusteigen, wird alles bedrohlich. »Man erkennt diese Stadt überhaupt nicht wieder. Es ist alles so verändert.« – »Was ist nur mit Lisa los? Früher war sie doch ganz anders.« – »Mein Partner hat sich so verändert … Ich weiß überhaupt nicht, ob er mich noch liebt.« Wir fragen uns, was mit der Welt los ist, und verstehen nichts mehr. Dabei sollten wir uns lieber fragen, was mit uns selber los ist: Warum sind wir nicht mehr bereit, uns dem Neuen zu öffnen? Nicht mehr neugierig? Warum bestehen wir darauf, in den alten Strukturen zu verkalken? Wovor haben wir Angst?

Vielleicht antworten Sie, dass Sie mit den Jahren einfach ein wenig müde geworden sind und keine Lust mehr haben, sich dauernd irgendwelchen Veränderungen anzupassen. Ich aber sage Ihnen: Solange es noch eine unverwirklichte Sehnsucht in Ihnen gibt, können Sie es sich nicht leisten, müde zu sein! Denn wenn Sie dieser Müdigkeit nachgeben, werden Sie frustriert und unerfüllt in die Ewigkeit eingehen und möglicherweise als verlorene Seele Ihren Aufstieg ins Licht verweigern, weil der unerfüllte Traum Sie an die Erde kettet. Und wie frustrierend es erst ist, am Ende des Lebens erkennen zu müssen, dass man seine Zeit auf Erden mit Kleinkram verbracht und nun, da sie vorüber ist, kein Vehikel mehr hat, um seine Träume zu verwirklichen! Menschen, die »Nahtoderfahrungen« gemacht haben, die dem Tod also noch einmal von der Schippe gesprungen sind, können ein Lied davon singen. Im Allgemeinen sind sie heilfroh, dem Leben zurückgegeben zu sein und noch einmal Gelegenheit zu haben, ihre Träume zu verwirklichen. Und fortan lassen sie keinen Tag mehr verstreichen, ohne sich für ihre Sehnsucht zu engagieren.

»Du machst einen Fehler«, sagt der alte Meisterschamane Juan Matus zu seinem Schüler Carlos Castaneda. »Du glaubst, du hast genügend Zeit. Du glaubst, dein Leben wird ewig dauern. Wenn du das nicht glaubst – worauf wartest du? Warum zögerst du, dich zu ändern? Was immer du gerade tust, es kann deine letzte Tat auf Erden sein. Keine Macht der Welt kann dir garantieren, dass du noch eine Minute länger leben wirst.«[28]

Zur kontemplativen Erforschung

Wie möchten Sie gern sein? Wenn Sie Ihre Persönlichkeit frei gestalten könnten, welche Eigenschaft oder Fähigkeit hätten Sie gern? Können Sie die Sehnsucht nach dieser Qualität spüren? Stellen Sie sich vor, Sie besäßen diese Qualität bereits: Wie würden Sie sich fühlen? Erforschen Sie das Gefühl. Es existiert bereits in Ihrem Innern. Geben Sie ihm Raum in Ihrem Herzen. Nehmen Sie sich vor, das öfter zu tun. Achten Sie auf Gelegenheiten, die das Leben Ihnen bietet, diese Qualität zu manifestieren. Was hindert Sie? Was fördert diese Qualität?

Beschäftigen Sie sich mit Menschen, die diese Eigenschaft besitzen. Beobachten Sie sie nicht nur, versetzen Sie sich in sie hinein.

Gibt es in Ihnen eine unerfüllte Sehnsucht nach Verwirklichung? Einen nicht gelebten Traum? Welchen? Treten Sie in Kontakt mit dieser Sehnsucht und öffnen Sie Ihr Herz dafür.

Wenn Sie gern schreiben: Beschreiben Sie die Persönlichkeit, die Sie gern wären. Erlauben Sie Ihrer Sehnsucht, sich zum Ausdruck zu bringen.

Die Entfaltung unseres seelischen Potenzials in die konkrete Manifestation hinein kann man sich wahrscheinlich vorstellen wie den Prozess, in dem sich eine Knospe zur Blüte entfaltet. Die Blütenblätter öffnen sich in einer bestimmten Reihenfolge, wie auch die Wachstumsphasen unseres Körpers von der Keimzelle bis zum ausgewachsenen Körper in einer bestimmten Reihenfolge ablaufen. Zu Anfang unseres Lebens geht es in den verschiedenen Phasen der Kindheit um die Entwicklung diverser Fähigkeiten. Wir lernen wahrzunehmen und zu unterscheiden, was wir wahrnehmen.

Wir lernen, mit unserem Körper umzugehen und Kontrolle über bestimmte Körperfunktionen zu erlangen. Wir lernen laufen, sprechen und zunächst einfache, konkrete, später auch abstrakte Zusammenhänge zu verstehen, und so weiter. Diese Entwicklung ist nicht abgeschlossen, wenn wir erwachsen sind (oder sollte es jedenfalls nicht sein). In jeder Phase unseres Lebens geht es darum, neue Eigenschaften oder Fähigkeit zu entfalten. Wenn ein bestimmtes »seelisches Blütenblatt« (sprich: eine Fähigkeit oder Eigenschaft) an der Reihe ist, sich zu manifestieren, dann kann sich das in unserem persönlichen Bewusstsein als Sehnsucht äußern. Plötzlich entdecken wir in uns eine Sehnsucht nach dieser bestimmten Fähigkeit oder Qualität, nach Schönheit etwa oder nach Klarheit, nach Macht oder Echtheit, nach Liebe oder Mitgefühl, Meisterschaft oder Größe oder was auch immer.

Wir fangen an, diese Eigenschaft in anderen Menschen zu bemerken, oder unsere Aufmerksamkeit wird auf eine Lektüre, ein Kunstwerk oder sonst etwas gelenkt, in dem die betreffende Fähigkeit oder Qualität beschrieben wird. Oder wir verlieben uns in einen Menschen, der sie verkörpert, oder in Objekte oder Tätigkeiten, die sie in uns wecken. Wenn es keine inneren Hindernisse gibt, entfaltet sich der Reichtum unseres seelischen Potenzials auf ganz organische Weise in unserer Persönlichkeit. Wir folgen dann einfach unserer Sehnsucht oder unserem Wunsch und bewegen uns ganz von selbst auf die Entfaltung der betreffenden Qualität zu. Doch oft gibt es Hindernisse. Zum Beispiel sagt mein inneres Selbst, bewegt von der Regung der Seele, ihre Macht kennen zu lernen: »Ich wünsche mir Macht.« Und ich sage: »Macht ist schlecht.«

Oder es sagt: »Ich sehne mich nach Liebe.« Ich aber sage: »Ich fürchte mich vor der Liebe.« Die Qualität aber – das »seelische Blütenblatt« – will sich entfalten. Sie beginnt, sich in die Realität hinein auszustrecken – und bleibt irgendwo in meinem Innern stecken. Das verursacht einen Energiestau und ein Gefühl des Unbehagens. Die Qualität will heraus, aber ich lasse sie nicht. Plötzlich finde ich mich in Situationen wieder, in denen ich ausgerechnet diese Qualität – beispielsweise Macht – dringend brauchen könnte. Ich kann die Umstände dieser Situation nicht ändern, würde es aber gern. Ich halte mich für ohnmächtig und leide darunter. Ich hätte durchaus die Macht, etwas zu verändern, aber das ist mir nicht bewusst. Ohne es zu merken, werde ich von der Überzeugung beherrscht, Macht sei schlecht oder ich dürfe nicht mächtig sein. Doch die Macht ist vorhanden und ich wende sie auch an, nur auf eine Weise, die weder von mir selbst noch – wie ich unbewusst hoffe – von meinen Mitmenschen bemerkt wird: Ich manipuliere. Ich beeinflusse Ereignisse oder Menschen auf indirekte Weise, um letztlich zu erreichen, was ich erreichen möchte. So kommt die Macht, die sich entfalten möchte, auf verdrehte Weise doch noch heraus.

Die Herausforderungen, mit denen wir im Leben jeweils konfrontiert werden, verlangen, dass wir Fähigkeiten mobilisieren, die noch unterentwickelt sind. Wenn wir uns dieser Tatsache bewusst sind und die Herausforderung annehmen, obwohl wir Angst davor haben, bekommen wir Unterstützung. Es ist manchmal, als ob das Leben es uns leicht machen wollte, die geforderte Qualität zu entwickeln. Ich möchte vielleicht, um bei unserem Beispiel zu bleiben, meine Macht nicht ausüben, weil ich Angst vor den Konsequenzen habe (zum Beispiel mich schuldig fühlen zu müssen oder andere Menschen zu kränken und ihre Sympathie zu verlieren). Wenn ich mir jedoch bewusst bin, dass die Situation, in der ich mich befinde, genau das von mir verlangt, und ich mir ferner meiner Angst bewusst bin, kann ich sagen: »Ich spüre, dass es hier darum geht, ein wenig mehr Macht zu manifestieren, aber ich fürchte mich noch davor.« Damit bekenne ich mich zu meiner Wahrheit. Möglicherweise taucht dann ein Mensch in meinem Leben auf, der es mir ein wenig leichter macht, die Hürde der Angst zu nehmen. In meinem Leben war es ein Hund. Ohne es gewollt zu haben, war ich plötzlich im Besitz oder jedenfalls Betreuerin eines Hundes und fühlte mich nicht in der Lage, ihm Befehle zu erteilen. Ich fand es nicht richtig, irgendjemandem, Mensch oder Hund, Befehle zu erteilen. »Du musst ihm aber Befehle geben«, sagte meine Freundin Antje, der ich mein Leid klagte. »Er weiß sonst nicht, wozu er da ist.« Das verstand ich. Da ein Hund in der Menschenwelt verloren und sogar gefährdet ist, wenn er keine klaren Anweisungen bekommt, und ich diesen Hund über alles liebte, gab ich schließlich nach und lernte, Befehle zu geben. Und er ordnete sich gern unter (meistens jedenfalls) und war dankbar, dass er endlich klare Führung bekam. Mein ungewollter Eintritt in die »Hundewelt« zwang mich viele Male dazu, meine Macht in klarer Weise zum Ausdruck zu bringen, beispielsweise um meinen kleinen Hund vor größeren und aggressiveren zu schützen, und das Ergebnis war stets positiv. Das Leben hatte mich darin unterstützt, meine Macht zum Ausdruck zu bringen, und die Welt ging nicht unter, als ich es endlich geschafft hatte. Später half mir diese in der Hundewelt gewonnene Fähigkeit natürlich auch in der Menschenwelt.

Zur Kontemplation

Denken Sie über Situationen, Beziehungen oder Ereignisse Ihres Lebens nach. Fragen Sie sich, in welcher Weise Sie dadurch herausgefordert oder unterstützt wurden, eine bestimmte Fähigkeit oder Qualität zu entwickeln. Denken Sie an Ihre aktuelle Situation. Um welche Fähigkeit oder Qualität könnte es jetzt gehen?

Pir Vilayat Khan empfahl, über drei Fragen zu meditieren:

1. Welche Qualität könnte mir helfen, mit meinem Problem besser fertig zu werden?

2. Welche Qualität möchte sich in der gegenwärtigen Phase meines Lebens entfalten?

3. Völlig unabhängig von Problemen und Herausforderungen: Wie möchte ich am liebsten sein? Welche Qualität besäße ich am liebsten?

Problem: Energielos, lustlos u. erschöpft im Beruf, Sehnsucht nach meiner eigenen Arbeit an meinem eigenen Platz

① Optimismus, Zuversicht

② Die Liebe zu mir selbst: „Ich will, dass du glücklich bist, weil ich dich liebe." Ich möchte Dinge tun, die mich glücklich machen

③ Mit meinem Glück andere anstecken und heilen

Die psychologische Sehnsucht

Eine der tiefsten Sehnsüchte unseres Herzens ist der Wunsch, einzig um unserer selbst willen geliebt zu werden. Diese Sehnsucht erweckt uns ganz und gar.

JOHN O'DONOHUE[29]

Die theoretisch ideale Mutter trägt ihr Kind am Körper, bis es selber laufen kann; gibt ihm die Brust, solange das Kind es benötigt; liebt es bedingungslos; ist für ihr Kind da, wenn es sie braucht; stellt es aber weder in den Mittelpunkt ihrer Aufmerksamkeit noch macht sie es zum Projektionsfeld ihrer eigenen Bedürfnisse (nach Liebe, Anerkennung, Verwirklichung oder was auch immer). Der theoretisch ideale Vater unterstützt, fördert und bekräftigt das Kind in seiner Eigenart und seinem authentischen Selbstausdruck, beschützt es, zeigt ihm die Welt, stärkt ihm den Rücken und ist für es da, sobald es ihn braucht. Die theoretisch idealen Eltern lieben einander und sind in ihrem Wesen und ihrer Liebe ein vollkommenes Vorbild, ohne zu verlangen, dass ihr Kind ihnen nacheifert. Das Kind in unserem Idealentwurf hat wahrscheinlich einige Geschwister, und die Eltern verteilen ihre Liebe gerecht und weise unter all diesen Kindern, ohne eines zu bevorzugen oder zu benachteiligen. Sie sind voller Mitgefühl und in der Lage, jedem ihrer Kinder mitfühlend, offen, verständnis- und respektvoll durch Krisen und erschreckende neue Erfahrungen hindurch zu helfen. Das Kind aus dieser idealen Familie wächst in dem selbstverständlichen Bewusstsein auf, geliebt, angenommen, dazugehörig, respektiert, wertgeschätzt und in seinem Sosein unterstützt zu werden. Es hat alles bekommen, was es brauchte. Es kennt weder Neid noch Eifersucht. Es ist voller Vertrauen in sich selbst und ins Leben. Es hat eine Aura von Geborgenheit und Liebe um sich, die sich in einem gesunden Immunsystem niederschlägt. Es ist in der Lage, sich ehrlich und spontan auszudrücken und kann den Selbstausdruck anderer Menschen problemlos akzeptieren und mitfühlend verstehen. Mit anderen Worten: Es ist rundum gesund und glücklich.

Erkennen Sie sich in dieser Beschreibung wieder? Wohl kaum. Als zivilisierter Mensch haben Sie in Ihrer Kindheit mit Sicherheit andere Erfahrungen gemacht. Ihre Eltern waren vermutlich das, was wir hier unter ganz normalen Menschen verstehen: neurotisch, voller unterdrückter Ängste, Wünsche und Aggressionen, Menschen mit Selbstzweifeln, Autoritätsproblemen und sonstigen Mängeln und Fehlern, die es ihnen unmöglich machten, die oben beschriebenen Idealeltern zu sein, auch wenn sie es vielleicht noch so gern gewesen wären. Das hat zur Folge, dass jeder von uns an irgendeinem psychologischen Mangel leidet. Ein kindliches Bedürfnis ist unerfüllt geblieben. So sehnt sich der normale Europäer oder Amerikaner ein Leben lang nach der Erfüllung dieser kindlichen Grundbedürfnisse: geliebt und angenommen, geachtet und geschätzt zu werden und Menschen zu haben, die zu einem gehören, die einen nicht verlassen, die zu einem stehen, denen man vertrauen kann und die einem Raum für die eigene Entwicklung lassen.

Diese Sehnsucht würde, wie jede andere Sehnsucht auch, problemlos Erfüllung finden, wenn wir sie wirken ließen. Wie ich schon sagte: Sehnsucht erschafft sich ihre Erfüllung. Das Problem ist, dass wir sie nicht lassen. Gerade diese Art von Sehnsucht, die ich »psychologische Sehnsucht« nenne, leidet darunter, dass sie begraben, unterdrückt, zu Schweigen und Impotenz verurteilt wird. Auf eine ganz subtile, schwer durchschaubare Art vereiteln wir ihr Wirken, ohne es zu merken.

Das Problem bei diesen unerfüllten Kindheitsbedürfnissen ist, dass das in der Kindheit Versäumte nicht wirklich nachzuholen ist und wir das sehr wohl wissen. So sehnen wir uns auf der einen Seite nach der Liebe oder Wärme, die wir als Kind nicht oder nicht in genügendem Maße erfahren haben, wissen aber auf der anderen Seite, dass dieses Bedürfnis nie wirklich gestillt werden kann, und leiden an diesem inneren Widerspruch. Wir wissen natürlich, dass unser Lebenspartner oder die Menschen, mit denen wir verbunden sind, Mutter oder Vater nicht ersetzen können, aber da die Sehnsucht nach Erfüllung des kindlichen Bedürfnisses so stark in uns ist, versuchen wir trotzdem, von ihnen zu erhalten, was Mutter oder Vater versäumt haben. Wenn wir es tatsächlich bekommen, sind wir einen Augenblick lang erleichtert, doch der alte Hunger und die Überzeugung, dass er nicht wirklich zu stillen ist, bleiben erhalten und verhindern, dass wir von dem, was unsere Lebensgenossen uns geben, tatsächlich satt werden. Das Loch, das zu Beginn unseres Lebens entstanden ist, lässt sich nicht auf diese Weise füllen. So bleiben wir in einem Teufelskreis gefangen und ziehen unsere Lebenspartner mit hinein. Wir versuchen, sie auf subtile oder massive, direkte oder indirekte Weise zu zwingen, unsere kindlichen Bedürfnisse zu erfüllen, und wenn sie sich dieser Forderung widersetzen, werden wir ärgerlich, unglücklich, wütend oder verbittert oder trennen uns ganz von ihnen. Aber auch wenn sie versuchen, die Forderung zu erfüllen, ist es nie genug, wie groß ihre Anstrengung, uns zu befriedigen, auch immer sein mag. In der gleichen unglücklichen Lage finden wir uns selber wieder, wenn wir versuchen, die psychologischen Bedürfnisse unseres Partners oder unserer Partnerin zu erfüllen. Eine Zeit lang scheint es zu funktionieren, solange beide verliebt und dadurch motiviert genug sind, einander jeden Wunsch von den Augen abzulesen. Doch irgendwann kommt unweigerlich der Moment, da man es als Einengung, ja lästigen Zwang empfindet, dauernd die Bedürfnisse eines anderen Menschen befriedigen zu müssen. Spätestens dann stellt derjenige, dem die Zuwendung vorübergehend entzogen wird, fest, dass seine Bedürfnisse durch all die Zuwendung, die er bis dahin vom Partner bekommen hat, immer noch nicht erfüllt wurden und sein Hunger immer noch ungestillt ist.

Wir untergraben also die schöpferische Kraft unserer Sehnsucht, indem wir unbewusst für selbstverständlich halten, dass sie eigentlich unerfüllbar ist. Gleichzeitig sind wir von dem Wunsch nach Erfüllung besessen (ein Gefühl, das wir unterdrücken, beherrscht uns immer) und treiben durch diese Besessenheit das Ersehnte noch weiter von uns fort. Das negative Ergebnis festigt schließlich genau den negativen Glaubenssatz in uns, unter dem wir unsere Sehnsucht begraben haben: »Es ist unmöglich.« – »Es ist zwecklos.« – »Aussichtslos.«

Die Lösung dieser Problematik besteht darin, die Sehnsucht unter diesem Glaubenssatz auszugraben und ihr zu einem Platz in unserem Herzen zu verhelfen, sie bewusst zu fühlen, statt unbewusst von ihr besessen zu sein, und ihr das zu geben, was sie braucht: Anerkennung oder Erlaubnis, Achtung oder Erbarmen, Zuwendung oder Raum. In dem Moment, da man auf diese Weise sein Herz für die Sehnsucht öffnet, erkennt man aus einem unbegründbaren, aber sicheren inneren Wissen heraus, dass diese Sehnsucht Erfüllung finden wird, ja Erfüllung finden muss, weil es gar nicht anders geht, weil das die Natur der Dinge ist. Nun fühlt man sich im wahren Sinne des Wortes beseelt von dieser Sehnsucht, und die Seele kann endlich das tun, was sie am liebsten tut, nämlich den ersehnten Zustand in unser Sein bringen, sprich, manifestieren. Auf diesem oder jenem Wege wird uns Erfüllung zuteil, manchmal durch eine überraschende Wendung der Ereignisse; manchmal dadurch, dass wir Dinge anders wahrnehmen als zuvor; manchmal durch glückliche Fügungen. Die wahre Erfüllung findet im Innern statt – durch das Fühlen der Sehnsucht, was zugleich innere Kontaktaufnahme mit dem ersehnten Zustand bedeutet. Bringt man es fertig, diesen zu fühlen, ohne zuzulassen, dass sich ein Hindernis dazwischen schiebt und dieses Fühlen vereitelt, so findet im Innern jene Erfüllung statt, nach der man sich im Äußeren gesehnt hat. Nun sind wir in Bezug auf den ersehnten Zustand nicht mehr negativ – in Mangel und Bedürftigkeit –, sondern positiv – in Fülle –, und die ersehnte Qualität breitet sich in unserem Innern aus, strahlt aus uns heraus und zieht ihre Entsprechungen in der äußeren Welt zu uns. Das ist der Magnetismus, den die Seele in unserem Körper entfaltet. Einfach gesagt: Reiche Menschen umgeben sich gern mit reichen, glückliche mit glücklichen Menschen; Geld kommt zu Geld und so fort. Gleich und gleich gesellt sich gern. Was aus der weltlichen Perspektive gesehen eine riesengroße Ungerechtigkeit ist, erweist sich als spirituelles Naturgesetz, an dem wir wachsen können, sobald wir es verstanden haben.

Zur Kontemplation

Was hat Ihnen in Ihrer Kindheit am meisten gefehlt? Können Sie den Mangel und die Sehnsucht fühlen?

Denken Sie an Ihre Mutter. Gibt es etwas, das Sie von ihr gebraucht, aber nicht bekommen haben?

Denken Sie an Ihren Vater. Gibt es etwas, das Sie von ihm gebraucht, aber nicht bekommen haben?

Versetzen Sie sich in Ihr inneres Kind. Was fehlt ihm? Wonach sehnt es sich?

Betrachten Sie Ihre heutigen Beziehungen. Welches Verhalten Ihrer Partner kränkt Sie am meisten? Was ist das Schlimme für Sie, wenn der Partner sich in dieser Weise verhält? Wie fühlen Sie sich? Welcher Schmerz wird in Ihnen ausgelöst? (Beispiele für Schmerz: im Stich gelassen werden, sich ungeliebt fühlen, verurteilt werden, Ablehnung, Demütigung oder Erniedrigung, Betrug, Verrat, Ungerechtigkeit, Wertlosigkeit, missbraucht werden, getrennt sein.) Welche Sehnsucht liegt unter diesem Schmerz begraben? Können Sie sie fühlen?

Wie die Sehnsucht nach Entfaltung und die psychologische Sehnsucht zusammenwirken

Als Geistwesen bist du Teil des unendlichen Bewusstseins und der unendlichen Weisheit. Als ein Teil von ihr bist du eine ewig wachsende Kraft. Sie kann nur zu-, nie abnehmen und hat, aus dem Abgrund der Zeiten kommend, sich ewig steigernd, deine Intelligenz zu ihrem heutigen Standard hinaufgebracht …
Jedes geistige Ringen war ein Vorwärtstreibendes, hinauf … zu relativer Vollendung deiner selbst, und durch Vollendung zum Glück … denn Glück ist der Sinn des Lebens.

PRENTICE MULFORD[30]

Die Seele sehnt sich danach, ihr Potenzial in die Realität hinein zu entfalten. Sie tut dies, indem sie sich als Persönlichkeit verkörpert und ihre Fähigkeiten und Eigenschaften nach und nach, eine nach der anderen in dieser Persönlichkeit realisiert. Zu diesem Prozess gehört offenbar die Erfahrung des Mangels an der bestimmten Qualität, um die es gerade geht. Beispielsweise kann meine Seele diese Inkarnation mit dem hauptsächlichen Wunsch angetreten haben, ihre Liebe kennen zu lernen.

Dafür gibt es zwei Möglichkeiten. Sie kann in eine liebevolle Familie hinein inkarnieren und sich auf diese Weise von vornherein als geliebt erleben, worauf sie wahrscheinlich ihrerseits mit Liebe reagieren wird. Das Ganze wird ihr vermutlich selbstverständlich sein und nicht als besonders auffallen. Sie kann aber auch in eine familiäre Situation hinein inkarnieren, in der ein eklatanter Mangel an Liebe herrscht. Sie erlebt sich als ungeliebt und leidet darunter. Nun ist die Aufmerksamkeit der Persönlichkeit auf Liebe gerichtet. Sie beginnt nach Liebe zu suchen. Sie bemerkt Liebe bei anderen und beneidet sie darum. Sie trachtet danach, geliebt zu werden, das heißt, Liebe in passiver Form zu erfahren, als etwas, das auf sie gerichtet ist. Später wird vielleicht Liebe ihr spirituelles Ideal. Sie bewundert alle, die Liebe haben. Zunächst aber besteht ihre einzige Möglichkeit, Liebe kennen zu lernen, darin zu erfahren, wie es ist, geliebt zu werden.

Das ist allerdings nicht leicht zu bewerkstelligen, da sie sich vermutlich bereits stark mit der Idee identifiziert, ungeliebt und nicht liebenswert zu sein, und Liebe, die ihr entgegengebracht wird, deshalb nicht wirklich fühlen kann. Die Liebe, die ihr entgegengebracht wird, prallt an ihrem andersgearteten Selbstgefühl (»ungeliebt«) ab. Doch von ihrer Sehnsucht getrieben, sucht sie immer weiter. Vielleicht manövriert sie sich aufgrund ihres negativen Selbstbildes immer wieder in Situationen und Beziehungen hinein, in denen sie sich als ungeliebt erfährt (oder zu erfahren meint) und gibt die Suche schließlich verbittert und resigniert auf. Möglicherweise geht sie ins Jenseits ein als »verlorene Seele«, die aufgrund ihrer Verdüsterung den Weg ins Licht nicht findet. Das Licht aber existiert, und die Liebe existiert, und früher oder später trifft ein Strahl vom Licht der Liebe auch jedes noch so verbitterte Herz. In solchen Momenten gibt es oft einen erschütternden Durchbruch zur Liebe, einen Durchbruch, der so gewaltig ist, dass man meint, dass sich die ganze Zeit des Leidens dafür gelohnt hat – so ähnlich wie der Durchbruch bei einer Geburt, nach dem die frisch gebackene Mutter so entzückt ist von dem neuen Menschenkind, dass sie zu dem Schluss kommt, die Schmerzen der Geburt haben sich gelohnt.

Aber nicht alle, die Liebe suchen und nicht finden, resignieren und verbittern. Manche stellen einfach fest, dass sie offenbar an der falschen Stelle suchen, und wenden sich statt nach außen nach innen, um die Quelle der Liebe dort zu finden. Manche haben Glück, meditieren oder beten fleißig oder haben gute spirituelle Lehrer, und schließlich sprudelt die ersehnte Liebe aus ihrem eigenen Herzen hervor und erfüllt es mit Wärme, Glück und Mitgefühl. Andere werden auch auf diesem Weg nicht fündig. Ich selber bin diesen Weg gegangen und fand, dass die gelegentliche Erfahrung tiefer spiritueller Liebe in meinem Innern nicht ausreichte, um den psychologischen Mangel an Liebe zu stillen. Trotz wunderbarer innerer Erfahrungen in der Meditation war er immer noch da und beherrschte mich. Ich habe schließlich einen anderen Weg gefunden, indem ich begann, meine Gefühle bewusst wahrzunehmen, statt sie einfach nur zu haben. Und auf wundersame Weise hat sich mir dadurch ein Weg zur Liebe erschlossen. Diesen Weg habe ich körperzentrierte Herzensarbeit genannt (weil er beim Wahrnehmen der Körperempfindung über die Entdeckung des darin verborgenen Gefühls zur Öffnung des Herzens führt). So kann ein Mangel zum Gefäß für genau die Qualität werden, an der Mangel besteht.

Die Seele kann – ein anderes Beispiel – auch von der Sehnsucht nach Verstehen getrieben sein, wenn sie inkarniert. Dann wird sie sich als jemand erfahren, der den Wunsch hat, alles zu verstehen. Vielleicht wird ein Intellektueller daraus, vielleicht ein Philosoph, vielleicht aber auch ein Mystiker oder ein Psychologe oder ein Heiliger – je nachdem, auf welche Art von Verstehen die betreffende Person ihr Interesse richtet. Möglicherweise ist der tiefste Schmerz für einen solchen Menschen die Erfahrung des Nichtverstehens. (»Nichtverstehen« ist übrigens auch ein Gefühl und kann genau wie andere Gemütszustände bewusst gefühlt werden, was manchmal die Lösung einer

Problematik ist, dann nämlich, wenn das Problem deshalb besteht, weil man nicht bereit ist, den Schmerz des »Nichtverstehens« zu fühlen. Manche Menschen spielen verrückt oder werden hysterisch, wenn sie etwas am Verhalten ihrer Bezugspersonen nicht verstehen. Sie haben zu große Angst vor dem Schmerz des »Nichtverstehens«.) Vielleicht gehen sie irgendwann in ihrem Leben durch das, was der christliche Mystiker Johannes vom Kreuz die »dunkle Nacht der Seele« genannt hat.

Oder die zentrale Sehnsucht der Seele bezieht sich in diesem Leben darauf, ihre Macht kennen zu lernen. Und sie verwirklicht dies in einer Lebenssituation, in der sie sich zunächst als ohnmächtig erlebt. Dies sind ein paar Beispiele dafür, wie der psychologisch bedingte Mangel und die Sehnsucht der Seele nach Verwirklichung bestimmter Qualitäten zusammenwirken können. Sie sind allerdings ein wenig zu linear beschrieben: »Seele sehnt sich nach Qualität X und inkarniert in eine Situation, in der sie Mangel an X erlebt, um sich ihrer Sehnsucht nach X bewusst zu werden und ihre Kraft X zu erreichen und zu mobilisieren.« Die Realität ist oft viel komplexer. Denken Sie zum Beispiel an Stephen Hawking, einen der genialsten Wissenschaftler unserer Zeit, der fast komplett gelähmt ist, sich also in einer Situation äußerster Ohnmacht befindet. Dennoch ging es in seinem Leben ganz offenbar nicht darum, Macht zu entwickeln, sondern vielmehr Intelligenz und Kreativität. Sicherlich fordert seine Lebenssituation auch großen Mut von ihm, eine weitere Qualität. Manch anderer hätte unter den gleichen Lebensbedingungen kapituliert.

Wie auch immer es sich im Detail gestaltet: Der psychologische Mangel kann sich als Chance für großes Wachstum entpuppen und einer seelischen Qualität zur Verwirklichung verhelfen.

An welchem psychologischen Mangel Sie auch leiden: Entdecken Sie das Gefühl dieses Mangels, den Schmerz, statt weiter zu versuchen, ihm aus dem Weg zu gehen. Erforschen Sie diesen Schmerz bewusst, statt in ihm unterzugehen. Finden Sie die Sehnsucht, die dahinter verborgen ist, und verhelfen Sie ihr zu ihrem Recht. Näheres dazu finden Sie in Teil III.

Die Sehnsucht nach dem Ideal

Wir müssen ohne Unterlass das Ideal unserer
selbst aufbauen; damit ziehen wir Elemente an uns, die
immer helfend mitwirken, das ideale Gedankenbild
zur Realität zu verdichten …

PRENTICE MULFORD [31]

Wir könnten eine herrliche Welt aufbauen, und wir alle
könnten herrliche Menschen werden … und was mehr ist,
wir sollten es. Und wir werden es.

PIR VILAYAT KHAN [32]

Wir alle tragen die Sehnsucht nach einem Ideal in uns. Nicht nach irgendeinem Ideal, sondern nach dem Ideal unserer selbst. Sehnsucht, das, was als Potenzial vorhanden ist, Realität werden zu lassen. Sehnsucht nach Manifestation.

Diese selbe Sehnsucht trägt jedes Individuum in sich. Jedes Individuum verfügt über ein großes Potenzial an Eigenschaften, Fähigkeiten und Möglichkeiten und sehnt sich danach, es zu verwirklichen. Es sehnt sich danach, das zu werden, was es schon ist – dem, was es im innersten Wesen bereits ist, in der eigenen Persönlichkeit Gestalt und Ausdruck zu verleihen. Wir sehnen uns danach, wir selbst zu werden. Wir sehnen uns nach unserem eigenen Ideal – dem Idealbild unserer selbst. Dieses Idealbild ist nicht nur etwas, was als Wunschvorstellung in einer möglichen Zukunft liegt, sondern vielmehr etwas, das wir bereits sind und dem wir nur noch Ausdruck verleihen müssen.

Wenn wir deprimiert sind, wenn uns das Leben sinnlos erscheint, haben wir den Kontakt zu unserem Ideal verloren. Dann verlieren wir uns an andere Menschen, an Vergnügungen, Ablenkungen, Unterhaltungen und vor allem an die alltäglichen Pflichten, die Beruf, Haushalt und Familie mit sich bringen, und vergessen dabei völlig, worum es uns in diesem Leben eigentlich geht. Wir bewegen uns an der Oberfläche des Lebens. Glanz, Tiefe, Freude und Motivation gehen dabei verloren.

Ähnlich wie aus der Knospe eine Blüte wird, entfalten auch wir uns gemäß einem inneren Bauplan zu einem vollkommenen Abbild unserer inneren Natur. Jede Begebenheit in unserem Leben, jede Begegnung und jede Beziehung trägt zu unserer Entfaltung bei. Angenehme wie unangenehme, schöne wie hässliche, bequeme wie unbequeme Erfahrungen helfen uns, uns zu entfalten. Manchmal hat man den Eindruck – bei sich selbst oder anderen –, dass mit dieser Entfaltung etwas schief gelaufen ist. Mit unserer gewöhnlichen Wahrnehmung können wir jedoch nur einen winzigen Ausschnitt der Realität erfassen. Wir kennen das Ganze nicht. Wir wissen nicht, was die Seele beabsichtigt. Wir können nicht beurteilen, in welcher Phase der Entwicklung wir uns oder die betreffenden Mitmenschen sich gerade befinden. Wir wissen nicht, welches Ziel wir ansteuern. Mit den Mitteln der Imagination und der Meditation können wir allerdings eine Ahnung davon bekommen.

Meditation

Setzen Sie sich an einem friedvollen Ort, an dem Sie ungestört sind, in aufrechter und entspannter Haltung hin und schließen Sie die Augen. Spüren Sie Ihren Atem und Ihren Körper und nehmen Sie die Sinneseindrücke wahr. Auftauchende Gedanken müssen Sie nicht vertreiben. Bleiben Sie einfach mit dem größten Teil Ihrer Aufmerksamkeit beim

Atem und bei den Sinneseindrücken und folgen Sie den Gedanken nicht. Wenn Sie merken, dass die Gedanken Sie davongetragen haben, kehren Sie einfach wieder in die Gegenwart und zum Atem zurück.

Bitten Sie nun Ihr inneres Selbst, Ihnen einen Eindruck von Ihrem wahren Wesen zu vermitteln: ein Bild, das Sie in all Ihrer Vollkommenheit und individuellen Einzigartigkeit zeigt, rein gewaschen von allen Irrtümern und Missverständnissen, die Ihr Wesen in Ihrer Persönlichkeit verzerrt zutage treten lassen. Ein Bild, das Sie so schön zeigt, wie Sie im Grunde Ihres Herzens wirklich sind, mit all der Intelligenz und der Kraft, die Ihnen eigentlich zu eigen sind, die aber vielleicht nie richtig zum Ausdruck kommen konnten.

Vielleicht taucht sofort ein Bild auf; vielleicht ist es auch eher ein innerer Eindruck oder eine Ahnung, vielleicht ein Gefühl Ihres eigenen Seins; vielleicht sind es Worte, die es beschreiben. Es ist aber auch möglich, dass erst einmal gar nichts auftaucht. Bemühen Sie sich nicht, das Bild zu konstruieren. Bitten Sie einfach um ein Bild und leeren Sie Ihren Geist, indem Sie Ihren Atem spüren und in der Gegenwart verweilen. Wichtig ist im Augenblick nicht so sehr das Ergebnis, sondern dass Sie Ihr Bewusstsein auf den Wunsch richten, Ihr wahres individuelles Wesen kennen zu lernen, und es dafür empfänglich machen.

Imagination

Hier geht es darum, nach Herzenslust zu imaginieren. Malen Sie sich aus, wie Sie gern wären, unabhängig davon, wie Sie bereits sind oder denken, dass Sie sein sollten. Erschaffen Sie sich eine Persönlichkeit nach Ihren Wünschen. Welche Eigenschaften besäßen Sie gern? Stellen Sie sich vor, so zu sein, wie Sie sein möchten. Fühlen Sie sich tief in diese imaginierte Persönlichkeit hinein. Lernen Sie sie kennen. Erfahren Sie, wie es ist, sie zu sein. Lassen Sie zu, dass sie sich zum Ausdruck bringt – in Gedanken oder Worten, in Bildern oder Gesten, in Tanz oder Gesang oder in einem Brief. Sie könnten als das Ich Ihrer Träume Ihrem realen Ich einen Brief schreiben.

Wichtig ist dabei nicht so sehr, dass Sie ein klares visuelles Bild haben, sondern vielmehr, dass Sie einen Eindruck vom Seinsgefühl dieser Persönlichkeit bekommen. Wie wäre es, so zu sein? Wie fühlt es sich an? Wie fühle ich mich dabei? Wie würde ich handeln? Wie würde ich sprechen? Wie würde sich mein Gesicht verändern, wie meine Haltung?

Phantasiereise

Eine weitere Möglichkeit, mit dem eigenen Ideal in Kontakt zu kommen, besteht darin, sich auf eine Phantasiereise zu begeben. Eine Phantasiereise ist eine Imaginationsübung, die im Zustand tiefer Entspannung stattfindet, am besten im Liegen. Sie wird teils angeleitet, gestaltet sich aber auch selber. Sie brauchen dafür entweder eine Anleitung, die Sie selbst auf Band sprechen, oder einen Freund oder eine Freundin, die Sie anleitet. (Auf meiner CD *Befreie deine Sehnsucht* ist eine solche Anleitung enthalten.) Der Text der Anleitung sollte folgende Elemente enthalten:

1. eine Anleitung zur muskulären Entspannung (keine Trance, keine Hypnose, nur Muskelentspannung!) (Beispiel: Lass deinen Körper auf der Unterlage schwer werden … entspanne deine Stirn … entspanne dein Gesicht … deinen Hinterkopf … deinen Nacken, usw. bis zu den Füßen …)
2. eine Zielvorgabe (etwa: Du begibst dich jetzt auf eine innere Reise, auf der du dein Idealselbst kennen lernen wirst.)

3. eine Führung durch eine schöne Landschaft, zu einem besonderen Ort oder einer Brücke (grob skizziertes Beispiel: Stell dir einen wunderschönen Raum vor und mache es dir darin gemütlich. Spüre deinen Atem … entspanne dich noch tiefer … Verlasse dann diesen Raum und tritt durch die Tür hinaus ins Freie, auf die Wiese, die das Haus umgibt. Du spürst das Gras unter deinen Füßen … kleiner Fluss … hölzerne Brücke …)
4. die Wiederholung der Zielvorgabe (Du begibst dich jetzt auf eine innere Reise, auf der du dein Idealselbst kennen lernen wirst.)
5. das Startzeichen für die eigene Reise (Beispiel: Sobald du den Fluss überquert und die Brücke verlassen hast, beginnt deine Reise zu deinem Idealselbst).

Von nun an beeinflussen Sie den Ablauf der Reise nicht weiter, sondern beobachten, was in Ihrem Geist geschieht. Wenn Sie mit einem Partner arbeiten, berichten Sie ihm oder ihr jeweils darüber. Erzählen Sie Ihrem Partner, was geschieht. Wenn Sie allein reisen, überlassen Sie sich einfach den inneren Geschehnissen.

Schließen Sie die Übung ab, wann immer Sie den Eindruck haben, dass sie »rund« ist oder Sie sie abschließen möchten. Gehen Sie in Ihrer Vorstellung mit oder ohne fremde Anleitung den selben Weg zurück, den Sie bei Antritt Ihrer Reise gegangen sind (z. B. von der Brücke über die Wiese in den Raum) und werden Sie sich Ihres Körpers und Ihres Standorts im realen Hier und Jetzt bewusst, bevor Sie die Augen wieder öffnen. Wenn Sie stattdessen am Ende der Übung einschlafen, ist das ganz in Ordnung.

Spuren unseres Idealselbst, also der ausgereiften Version dessen, was wir in unserem Innern bereits sind, aber äußerlich noch nicht oder nur teilweise verwirklicht haben, können wir in allem entdecken, was uns begeistert oder fasziniert oder was wir bewundern. In der Tat braucht man nur zu studieren, welche Eigenschaften man an anderen Menschen bewundert, um herauszufinden, welche Eigenschaften man sich in sich selbst entfalten möchte. Betrachten Sie die spirituellen Meister oder Heiligen, die Ihnen am besten gefallen, und Sie bekommen einen Eindruck davon, wie Eigenschaften, die in Ihnen nach Entfaltung streben, in hoher Vollendung aussehen könnten. Das bedeutet nicht, dass Ihr Idealselbst dem betreffenden Vorbild gleicht, wohl aber, dass das Vorbild Ihnen eine Idee davon gibt, wie es sein könnte, diese Eigenschaft verwirklicht zu haben. Schauen Sie sich die Politiker, Künstler, Sportler oder sonstigen herausragenden Persönlichkeiten an, die Sie beeindrucken. Auf welche Eigenschaft oder welche Mischung von Eigenschaften ist dies zurückzuführen? Genau diese Eigenschaften existieren auch in Ihnen, zumindest im Ansatz, und möchten sich entfalten. Es bringt Sie nicht weiter, die Gurus oder Promis zu bewundern, zu beneiden oder anzubeten und dabei zu denken: »So werde ich nie. Das ist eine andere Sorte Mensch.« Aber es kann sehr nützlich sein, sie mit dem Gedanken zu bewundern: »So möchte ich auch gern sein. Und dass ich diesen Wunsch habe, zeigt bereits, dass mir das möglich ist.« Dann können Sie anfangen, an diesem Thema zu arbeiten. »Was hindert mich daran, so zu sein? Welche Angst steckt dahinter?« Indem Sie dieser Angst Ihr Herz öffnen, statt weiterhin von ihr besessen zu sein, öffnen Sie die Schranke zwischen Ihrem Potenzial und seiner Entfaltung. Nun brauchen Sie nur noch Ihre Aufmerksamkeit auf die betreffende Qualität zu richten, sie bewusst zu bemerken, wenn sie Ihnen in anderen begegnet, und sie anzuerkennen, zu pflegen und zu nähren, wenn sie in Ihnen auftaucht. Auf diese Weise kommen Sie Ihrem Ideal immer näher.

Die Sehnsucht nach unserem Ideal hält uns in spiritueller Hinsicht am Leben. Sie gibt unserem Leben Sinn, beflügelt uns und inspiriert uns zu immer neuem Wachstum. Sie zu begraben führt zu Lustlosigkeit und Resignation und letztlich zu einem Dahinwelken. Sie in sich lebendig zu halten und zu ehren, so weit wir auch von unserem Ideal entfernt zu sein scheinen und so unerreichbar es uns auch vorkommen mag, gibt uns Kraft, Ausrichtung und das Gefühl von Sinn und Glanz. Letztlich verwirklichen nicht wir unser Ideal, sondern das Ideal verwirklicht sich durch uns. Wir machen es ihm leichter, wenn wir unsere Sehnsucht in uns leben lassen, und schwerer, wenn wir sie für sinnlos erklären oder unter sonst einem Deckel begraben.

Am besten dienen wir unserem Ideal, wenn wir ganz wir selbst sind. Nicht indem wir große Taten begehen oder versuchen, so zu sein wie unsere Vorbilder, sondern indem wir uns unser eigenes wahres Selbst zum Vorbild machen und den Weg gehen, den unser Herz uns weist. »Sei du selbst! In diesem Gesetz ist die Vollkommenheit der ganzen Schöpfung enthalten … Und könnt ihr euch ein schöneres ausdenken? Wie im Keim einer Pflanze ihre vollkommene Entfaltung enthalten ist, so ist auch in euch der Keim zu eurer vollkommenen Entfaltung enthalten … Wenn ihr euch weiter und höher entwickeln wollt, habt ihr nichts anderes zu tun, als eurer eigenen Natur zu folgen. Hört auf, euch zu schulmeistern, zu maßregeln, von euch zu verlangen, jemand anders zu sein als ihr seid … Vertraut eurer Natur: Sie ist vollkommen.«[33]

Das sind schöne Worte und vielleicht leuchten sie Ihnen ebenso ein wie mir, aber es ist nicht so leicht, sie in die Tat umzusetzen. »Sei du selbst«: Was bedeutet das? Dass ich einfach tue, was ich tue, und mir keine Gedanken darüber mache? Wenn ich beispielsweise unter meiner Abhängigkeit von meinem Beziehungspartner oder meinen Zigaretten leide, bedeutet »sei du selbst« dann, sich einfach keinen Stress damit zu machen? Schließlich ist die Abhängigkeit ja Teil von dem, was ich bin, nicht wahr? Aber so einfach ist das nicht. »Sei du selbst« bedeutet, seine Wahrheit zu leben. In einer gegebenen Situation sein wahres Gefühl und sein wahres Motiv wahrzunehmen und sich entsprechend zu verhalten. Die Wahrheit in meinem Beispiel ist nicht, dass ich von einem Partner oder von Zigaretten abhängig bin. Die Wahrheit ist, dass ich denke, dass ich davon abhängig bin. Abhängigkeit ist ein Gedanke. Diesem Gedanken liegen bestimmte Gefühle zugrunde, zum Beispiel Sehnsucht. Ich sehne mich nach einer bestimmten Erlebnisqualität, die dieser Mensch oder dieses Ding mir verschafft. Mein wahres Gefühl ist also Sehnsucht. Ferner gibt es eine Angst. Ich habe Angst, dieser Qualität verlustig zu gehen, wenn Mensch oder Zigarette nicht in meiner Reichweite sind. Die Wahrheit ist also die Sehnsucht und die Angst. Die Wahrheit ist ferner, dass meine Angst eine Reaktion auf einen Schmerz ist, der bereits in mir existiert und von dem Angst und abhängiges Verhalten mich abzulenken versuchen. »Sei du selbst« würde also hier bedeuten, den Schmerz, die Angst und die Sehnsucht zu fühlen, statt beides durch abhängiges Verhalten zu verdrängen.

»Sei du selbst« bedeutet ferner, mir meiner wahren Motive bewusst zu sein. Warum tue ich das, was ich tue? Wenn ich eine Position innerhalb einer bestimmten Hierarchie anstrebe, denke ich vielleicht, dass ich das tue, weil ich der Menschheit oder wem auch immer auf diese Weise am besten dienen kann. Aber wenn ich näher hinschaue, entdecke ich möglicherweise, dass das Erreichen jener Position mir das Gefühl geben würde, endlich die Anerkennung meines Vaters zu erlangen, und dass dies der eigentliche Grund ist, weshalb ich sie haben möchte. Mein wahrer Wunsch ist also nicht, der Menschheit oder wem auch immer zu dienen – das kann ich vielleicht auch an jedem anderen Platz, indem ich das, was ich gerade tue, so gut wie möglich mache. Mein

Wunsch in diesem Beispiel ist vielmehr, die Anerkennung meines Vaters zu erlangen. Das ist ein genauso legitimer Wunsch wie alle anderen; ihn zu verurteilen oder für kindisch zu erklären bringt nichts. Ein Wunsch ist einfach ein Wunsch. Was er braucht, ist nicht beurteilt, sondern gefühlt und vom Herzen anerkannt und angenommen zu werden. Dann kann ich reinen Herzens meinem wahren Motiv entsprechend handeln und mir die Wertschätzung und Beachtung meiner Mitmenschen verschaffen, ohne dass dies an das Erreichen einer bestimmten Position gekoppelt sein muss und ohne dass ich meine Arbeit in dem betreffenden Job mit unklaren Motiven belaste.

Wenn ich meine wahren Gefühle fühle und im Einklang mit meinen wahren Motiven handle, verändert sich mein Verhalten, mein Gesichtsausdruck, meine Stimme, mein Handeln: Ich werde »echter«. Ich bringe mehr von dem zum Ausdruck, was ich bin. Ich lasse mehr von mir sehen. Und schließlich kommt nicht nur immer mehr von meinem persönlichen Ich zum Vorschein, sondern auch immer mehr von meinem wahren Selbst, das sich in meinem persönlichen Ich ausdrückt, jenem Selbst, das hinter meiner irdischen Identität steckt wie ein Schauspieler hinter der Figur, die er verkörpert. Dann beginne ich zu begreifen, dass ich zwar nicht die Figur bin, die ich auf der Bühne des Lebens verkörpere, dass diese Figur mir aber hilft, Facetten meines Wesens zu entdecken, die mir sonst nicht bewusst wären.

Heimweh: Die Sehnsucht nach Rückkehr zum Ursprung

Nur eine Biegung noch wird dieser Strom machen,
nur ein Murmeln noch in diesem Hain,
und dann werde ich zu dir kommen,
ein grenzenloser Tropfen in einem grenzenlosen Ozean.

KHALIL GIBRAN[34]

Komplementär zu unserer Sehnsucht nach Verwirklichung und Entfaltung und sich mit dieser ergänzend wie Yin und Yang, wie Einatmen und Ausatmen, existiert in uns allen die Sehnsucht, zurückzufinden zu unserem Ursprung, zur Heimat unserer Seele.

»Oh Gott, deiner Sehnsucht wegen bin ich auf der Erde, und meiner Sehnsucht wegen werde ich auferstehen.«[35]

Viele Menschen haben ihr Leben lang das Gefühl, im Exil zu sein. Sie sehnen sich nach der verlorenen Heimat. Sie tragen immer und überall Traurigkeit mit sich herum. In diesen Menschen ist eine Sehnsucht an der Oberfläche des Bewusstseins aktiv, die latent oder unbewusst in allen Wesen vorhanden ist: das spirituelle Heimweh; die Sehnsucht, zum Ursprung zurückzukehren.

Nach christlicher Vorstellung wurden wir aus dem Paradies vertrieben, weil wir gesündigt haben. Nach esoterischer Vorstellung handelt es sich dabei um einen Fall, einen Abstieg; nach buddhistischer Auffassung um eine Folge von Unwissenheit und Verblendung. Auch bei den Hindus finden sich ähnliche Ideen, aber hier gibt es immerhin auch eine etwas positivere Bewertung jenes Zustandes der Verblendung, der uns glauben lässt, wir seien von unserem Ursprung getrennt, nämlich der Gedanke, dass diese ganze Illusion – Vielfalt und Getrenntheit genannt – das kosmische Spiel (*lila*) der göttlichen Mutter sei. Paramahansa Yogananda – in Europa und Amerika vor allem durch seine *Autobiografie eines Yogi* bekannt – verglich diese Welt mit dem Film auf einer Leinwand und hielt seine Schüler an, den Blick nicht auf den Film zu richten, sondern auf den Lichtstrahl, der diesen Film auf die Leinwand projiziert.

Eine wesentlich positivere Auffassung von der Welt der Existenz, in der jedes von jedem anderen getrennt erscheint, findet man bei den Sufis[36]. Nach den Sufis ist die ganze Welt Ausdruck der göttlichen Sehnsucht nach Manifestation. Die Einheit hat die Vielfalt aus sich heraus in die Existenz getrieben, um sich selbst kennen zu lernen. Den Sufi-Mystikern zufolge gibt es zwei Ströme der Sehnsucht, die in verschiedene Richtungen fließen. Der eine führt aus der Einheit in die Vielfalt (die Sehnsucht nach Manifestation), der andere aus der Vielfalt in die Einheit (die Sehnsucht, zum Ursprung zurückzukehren). Jeder Mensch trägt diese beiden Bestrebungen in sich. Sie führen keinen Krieg gegeneinander und machen sich keine Konkurrenz, sondern ergänzen einander wie Einatmen und das Ausatmen. Wenn Gott ausatmet, entstehen die Welten, wenn Gott einatmet, kehren sie wieder zu Ihm/Ihr zurück. Das entspricht der Auffassung der Hindus von Kali, der Göttin, die ihre Kinder gebiert und wieder auffrisst. Letzteres klingt für uns nur erschreckender.

Es wäre ein Fehler, den ursprünglichen himmlischen Zustand, nach dem wir uns manchmal zurücksehnen, nur in der Vergangenheit zu sehen oder als fernes Ziel in der Zukunft. Der Himmel ist kein Ort, der woanders liegt. Er ist ein Zustand. Man kann weder aus ihm vertrieben werden noch kann man ihn verlieren. Er ist immer in uns. Die meiste Zeit ist er uns allerdings nicht bewusst. Der »Fall« geschieht in jedem Augenblick, in dem wir den Kontakt zu unserem wahren Selbst verlieren und uns mit dem identifizieren, was wir wahrnehmen. In jedem Augenblick, in dem wir uns mit einem Mangel identifizieren, statt den Mangel wahrzunehmen, trennen wir uns in unserer Vorstellung von der Ganzheit unserer selbst. In jedem Augenblick, in dem wir uns mit Schuldgefühl, Groll oder Angst identifizieren, statt diese Gefühle wahrzunehmen, trennen wir uns von der Verbundenheit mit anderen Wesen. So fallen wir tagtäglich aus dem paradiesischen Zustand der Unschuld und Verbundenheit in eine Welt der Vereinzelung, der Getrenntheit, des Zwiespalts und der Zwietracht.

Das Heimweh, unsere Sehnsucht nach dem ursprünglichen Zustand der Einheit, braucht, ebenso wie die Sehnsucht nach Manifestation und die psychologische Sehnsucht, Zuwendung, Raum und Pflege. Sonst verlieren wir den Kontakt zu unserem Ursprung und werden heimatlos. Dann verlieren wir uns in dieser Welt, versuchen verzweifelt, sie uns zur Heimat zu machen, und vergessen völlig, dass diese Welt, wie Jesus einst sagte, nur eine Brücke ist und es deshalb keinen Sinn macht, ein Haus darauf zu bauen.[37] Es ist gut, dieser Sehnsucht auch äußerlich einen Platz zu geben, indem man ein religiöses Symbol, ein Bild oder eine Figur neben seinem Bett oder an dem Ort aufstellt, an dem man meditiert oder zumindest gelegentlich zu Ruhe und Besinnung kommt: ein Symbol für die Sehnsucht nach der Heimat der Seele. Es tut gut, sich an sie zu erinnern – vielleicht einmal am Tag, beispielsweise bei Sonnenuntergang oder abends vor dem Einschlafen oder in der Morgenmeditation. Man kann an diese Sehnsucht denken, während man einatmet, und dann einen Augenblick atemlos (den Atem anhaltend) in der Stille verharren. Diese Stille bietet Gelegenheit, einen kleinen Augenblick lang alle Angelegenheiten der Welt zu vergessen, alle Beschäftigungen niederzulegen und heimzukehren.

Wie jede andere Sehnsucht hat auch diese ihren Ausdruck in Musik gefunden. Manche Musikstücke erinnern uns an unseren himmlischen Ursprung, manche wecken unsere Sehnsucht danach. Wir können ihr auch selber Ausdruck verleihen in Musik und Gesang, in Bildern, Gedichten oder Tanz, je nachdem, zu welchem künstlerischen Medium wir uns hingezogen fühlen, aber vor allem auch im Gebet oder in der Wiederholung heiliger Worte. Wir ehren sie, indem wir sie fühlen, uns an sie erinnern, sie heilig halten, ihr Raum geben, Zeit für sie reservieren und vor allem indem wir unsere Gedanken zum Schweigen bringen und uns in die Stille versenken, ein Vorhaben, das an manchen Orten leicht gelingt, an anderen weniger. Finden Sie einen Ort der Stille, der Sie an Ihre seelische Heimat erinnert, und suchen Sie ihn körperlich oder in Gedanken regelmäßig auf, um dort zu meditieren. Sie werden erfrischt, gestärkt und mit der Heimat rückverbunden (das ist die Bedeutung des Wortes »Religion«) von dort zurückkehren, ähnlich wie jemand, der in der Fremde lebt und mit daheim telefoniert hat, um sich zu vergewissern, dass das Zuhause noch existiert und für ihn erreichbar ist.

Die Sehnsucht, zum Ursprung zurückzukehren, bleibt eine unfruchtbare Wehmut, wenn man sie nicht bewusst würdigt. Doch sobald man dies tut, wird sie zu einer Quelle der Kraft. Indem wir uns nach unserem Ursprung sehnen, treten wir mit ihm in Kontakt, und das erhebt uns zumindest in Momenten der Meditation auf eine höhere Bewusstseinsebene, von der aus wir die Dinge mit mehr Überblick betrachten. Mehr und mehr wird uns bewusst, dass die Welt, die wir als die unsere ansehen, nicht die Realität ist, sondern nur ein vorübergehender, eingeschränkter Ausdruck derselben. Auf diesem Wege verbindet sich schließlich unser spirituelles Heimweh – die Sehnsucht, die uns aus der Welt hinaus führt – mit der Sehnsucht unserer Seele nach Manifestation, die mitten in die Welt hinein führt. »Ich esse das Brot dieser Welt, und tue die Arbeit jener Welt«, sagt die

Mystikerin Rabia al'Adawiya[38]. Wir entdecken, dass wir hier sind, um die Sehnsucht unserer Seele zu verkörpern. Und diese Verkörperung bedeutet nicht nur, dass wir unsere Individualität entfalten, um uns selber zu erfreuen. Indem wir dies tun, dienen wir vielmehr dem Ganzen. Die Qualitäten, die wir entfalten, die Fähigkeiten, die wir erlangen, die Kenntnisse, die wir gewinnen, und das daraus resultierende Handeln sind unser Dienst. Wir tun »die Arbeit jener Welt«.

Nostalgie: Die Sehnsucht nach der Vergangenheit

Es gibt Tausende von Dingen, Ereignissen, Szenen in
jedem, auch dem glücklichsten Leben, die viel
besser vergessen wären; am meisten vielleicht eben diese
»glücklichen Erinnerungen«, weil auch Glück ranzig
wird. Auch der Standard der Freude sollte von Jahr zu Jahr
wachsen dürfen und das Morgen immer reizvoller als
das Gestern wirken.

PRENTICE MULFORD[39]

Hier möchte ich kurz auf eine weitere Art von Sehnsucht eingehen: die Nostalgie. Ich habe sie bewusst nicht unter den Hauptarten von Sehnsucht aufgezählt, weil sie sich, wenn man ihr auf den Grund geht, stets entweder als psychologische Sehnsucht oder als Sehnsucht nach Manifestation entpuppt, die jedoch nicht als solche erkannt und gewürdigt wird. Nostalgie ist rückwärts gerichtete Sehnsucht. Sie wurde in die Vergangenheit gerichtet, weil der Betreffende der Auffassung ist, dass die in der Vergangenheit erlebte Qualität nicht wieder oder jedenfalls nicht noch einmal in dieser Weise erlebbar ist. Wenn wir es versäumen, das in einer bestimmten Zeit und unter bestimmten Umständen erfahrene Glück bewusst zu würdigen, wenn dieses Glück keinen Platz in unserem Herzen bekommt und auf diese Weise Teil von uns selber wird, dann geht es uns wieder verloren, sobald die Umstände sich ändern. Die Folge ist, dass wir an Gegebenheiten hängen, die längst vergangen sind, weil wir durch die Erinnerung an sie versuchen, etwas von jenem Glück wieder in uns lebendig werden zu lassen. Die weitere, traurigere Folge davon ist, dass wir nicht mehr wirklich offen für die Gegenwart sind und keine besonders freudigen Erwartungen an die Zukunft hegen – jedenfalls nicht hinsichtlich des Themas, dem unsere rückwärts gerichtete Sehnsucht gilt.

Wenn wir den wahren Kern dieser Nostalgie entdecken, verwandelt sich die fruchtlose Sehnsucht nach der Vergangenheit in eine schöpferische Kraft. Es ist ganz einfach. Wir müssen nur in einem ruhigen Moment die Nostalgie in uns lebendig werden lassen und unser Herz für die Sehnsucht öffnen, die darin verborgen liegt und der wir das Siegel »unmöglich« aufgedrückt haben, weil wir wissen, dass sich Lebensumstände, Beziehungen oder Ereignisse nicht wiederholen lassen. Unmöglich oder nicht, die Sehnsucht ist da, und sie richtet sich weder auf die Vergangenheit noch auf bestimmte Personen oder Objekte, sondern auf eine Qualität, auf eine besondere Form des Erlebens, die uns damals zuteil wurde und die wir seither vermissen. Sobald wir diese Sehnsucht vom Siegel der Unmöglichkeit befreien, sie bewusst fühlen und ihr einen Platz in unserem Herzen geben, lösen wir sie von der Vergangenheit, verbinden sie mit ihrer Quelle, der Seele, und geben ihr ihre ursprüngliche Richtung wieder: aus dem Innern der Seele in die Welt der Manifestation.

Nostalgie führt zu Sinnlosigkeit, Fruchtlosigkeit, Resignation und letztlich zu geistiger Verkalkung. Selbst wenn es möglich wäre, in die Vergangenheit zurückzukehren, wäre es nicht mehr die Vergangenheit, die wir kennen, denn wir haben uns verändert und mit uns die Art, wie wir die Dinge wahrnehmen und erleben. Aber die Vergangenheit ist nicht vergangen, sondern ein Teil von uns geworden, wenn wir sie ausgewertet haben: wenn wir den schönen wie den unschönen Gefühlen, die sie in uns wachgerufen hat, unser Herz öffnen und die Erinnerung an das, was uns etwas bedeutet, heilig halten, und wenn wir die Sehnsucht, die der

Gedanke an die Vergangenheit in uns wachruft, als das wahrnehmen, was sie ist, nämlich nicht eine auf vergangene Umstände gerichtete Sehnsucht, sondern ein heute existierendes Verlangen nach einer bestimmten Qualität des Erlebens. Wenn wir diese Sehnsucht in uns leben lassen, weckt sie neue Hoffnung in uns, neuen Mut und frische Lebensfreude. Das Glück von damals ist zwar nicht wiederholbar, aber neues, womöglich größeres Glück liegt noch vor uns, und alles, was noch unerfüllt geblieben ist, wird sich erfüllen. Diese Gewissheit finden wir in unserem Herzen, sobald wir unserer Sehnsucht einen Platz darin gegeben haben.

ÜBUNG: Eine schöne Erinnerung

Auf welcher Ihrer schönen Erinnerungen kauen Sie immer wieder herum, um auch noch das letzte Quäntchen Glück herauszupressen? Vertiefen Sie sich in die Erinnerung. Konzentrieren Sie sich auf das schöne Gefühl, das Sie damals hatten. Spüren Sie nun Ihren Atem und Ihren Körper. Wie fühlt es sich an, das schöne Gefühl? Lernen Sie es kennen. Es ist nicht in der Vergangenheit. Es ist jetzt hier in Ihnen. Erlauben Sie ihm, sich auszubreiten. Wenn der Schmerz sich darüber schieben möchte, lassen Sie es nicht zu. Sagen Sie zu Ihrem Schmerz: »Ja, ich weiß, dass du auch da bist, aber ich komme später zu dir. Jetzt kümmere ich mich erstmal um das Glück.« Öffnen Sie dem schönen Gefühl Ihr Herz, indem Sie sich fragen, was es von Ihnen braucht, und probieren Sie folgende Schlüsselworte: Gefühlt werden? Da sein dürfen? Raum? Anerkennung? Achtung? Auf diese Weise geben Sie Ihrem schönen Gefühl einen Platz in Ihrem Herzen und destillieren seine Essenz aus der Vergangenheit heraus, sodass sie ein zeitloser Bestandteil Ihres Wesens werden kann. Wenn Sie Ihrem Schmerz versprochen haben, sich auch um ihn zu kümmern, müssen Sie das natürlich noch tun. Vielleicht in einer anderen Sitzung. Lernen Sie ihn ebenso kennen, wie Sie das schöne Gefühl kennen gelernt haben – ohne sich mit ihm zu identifizieren. Betrachten Sie, wie er sich anfühlt und was er von Ihrem Herzen braucht. Und öffnen Sie Ihr Herz für Ihre Sehnsucht, das schöne Gefühl (wieder) erleben zu dürfen.

Wie wir unsere Sehnsucht begraben

Die Jugend aber, im jubelnden Bewusstsein ihrer intuitiven Weisheit, ist spielerisch! Schätzt Sorgen nach ihrem wahren Wert, das heißt, gar nicht, und wirft sie ab … weiser als das »reife Alter«, das, in falsche Scheingesetze verstrickt, sich selbst den Weg zu neuer Hoffnung und Freude durch tote fremde Erfahrung sperrt.

Prentice Mulford[40]

Beherrschtsein durch einen anderen Menschen ist immer schädlich … Der Weg unseres Lebens beginnt zu wanken, abgelenkt von seiner eigenen Bahn … Unsere Sehnsüchte erscheinen dann plötzlich wie »Launen«, »leere Hirngespinste« oder bis zur Unerreichbarkeit fern …

Prentice Mulford[41]

Wir dürfen niemals zulassen, dass wer auch immer, Mensch oder Institution, unsere Sehnsucht vereinnahmt oder beherrscht … Lassen wir zu, dass dies geschieht, werden wir heimatlos.

John O'Donohue[42]

Wir alle sind voller Sehnsucht. Wenn wir unser Herz öffnen und unserem wahren Wesen ganz nah sind, können wir das spüren. »Es ist, als bestünde ich in Wahrheit nur aus Sehnsucht«, schrieb mir einmal eine Leserin. Aus verschiedenen Gründen haben wir jedoch einen Großteil unserer Sehnsucht in uns begraben, beispielsweise weil wir glauben, ihre Erfüllung sei unmöglich. Die allgemein anerkannte Logik der Vernunft oder auch unsere Schlussfolgerungen aus bestimmten Ereignissen haben uns zu diesem Ergebnis kommen lassen. Diese Überzeugung kann sehr tief sitzen, wenn sie aus frühester Kindheit stammt. Manchmal erkennen wir im Prinzip zwar an, dass Erfüllung möglich ist, glauben jedoch, dass es sie für uns nicht geben kann. Die Wahrheit ist aber nicht die Unmöglichkeit. Die Wahrheit ist, dass das Gefühl der Sehnsucht sowie der Gedanke an Unmöglichkeit in uns existiert. Das erzeugt Schmerz. Alles, was wir zu tun haben, ist, diese beiden Gefühle (sowie alle weiteren, die sie begleiten mögen) als das wahrzunehmen, was sie sind, nämlich Gefühle, und ihnen unser Herz zu öffnen. Der Schmerz möchte vor allem gefühlt werden. Die Sehnsucht möchte vor allem vom Siegel der Unmöglichkeit befreit werden (in der körperzentrierten Herzensarbeit nennen wir das: »für möglich gehalten werden«). Das ist kein Akt des Verstandes, sondern des Herzens. Der Verstand bringt das nicht fertig, das Herz sehr wohl. Aber um das zu entdecken, müssen Sie es tun (siehe Kapitel »Wie eine unterdrückte Sehnsucht aufgespürt und befreit werden kann«).

Ich entdeckte beispielsweise eines Tages einen riesengroßen psychischen Hunger in mir, der an das Attribut »unstillbar« gekoppelt war. Ich wusste, worauf diese Verknüpfung zurückging: auf den frühen Tod meiner Mutter, die starb, als ich noch ein Säugling war. Nun war ich in Kontakt mit dem grässlichen Schmerz des »unstillbaren Hungers«. Ich versuchte, ihn so gut es ging bewusst als Gefühl wahrzunehmen, aber es gelang mir nicht recht, weil ich mich einfach nicht aus der Identifikation mit der Idee lösen konnte, dieser Hunger sei für immer unstillbar. Schließlich war meine Mutter ja tatsächlich fortgegangen! Ich fühlte den riesigen Krater, den das in meinem Innern hinterlassen hatte, und war von der Überzeugung durchdrungen, dass sich dieses Loch niemals würde füllen können. Ich konnte nicht aufhören zu weinen. An diesem Punkt bat ich meinen Freund, der gerade in der Nähe war, um Hilfe. »Ich weiß, dass es unter diesem Schmerz irgendwo eine Sehnsucht geben muss, und ich würde ihr gern mein Herz öffnen. Aber ich kann sie nicht finden. Bitte frag mich nach ihr, vielleicht hilft das«, bat ich ihn. »Wonach sehnst du dich?«, fragte er, was bei mir eine erneute Tränenflut auslöste. »Es klingt unsinnig«, sagte ich, »aber die Antwort ist: ›Dass sie wiederkommt und dass alles wieder gut ist.‹ Aber das ist ja unmöglich.« – »In der geistigen Welt ist es möglich«, sagte er. Das war das erlösende Wort – mein Herz konnte sich endlich der Sehnsucht öffnen. Der Schlüssel war »für möglich halten«. Danach trat tiefer Frieden ein. Ein Teil von mir, der immer gelitten hatte, hatte Trost gefunden. Und dieser Trost hielt an und ging nicht mehr verloren.

Ein weiterer Grund, eine Sehnsucht zu unterdrücken, kann darin bestehen, dass es zwei entgegengesetzte Sehnsüchte in uns gibt. Unsere Sehnsucht nach A bringt uns in Konflikt mit unserer Sehnsucht nach B und wir glauben, B zu verlieren, wenn wir uns den Wunsch nach A gestatten, und umgekehrt. Zum Beispiel Sehnsucht nach Freiheit contra Sehnsucht nach Geborgenheit. Manchmal dominiert eine Sehnsucht so stark, dass die andere uns überhaupt nicht bewusst ist und wir uns nicht trauen, sie auch nur zur Kenntnis zu nehmen, weil wir Angst haben, bereits damit dem Interesse der »Gegenpartei« zu schaden. Das Manöver nützt jedoch wenig, denn je mehr man ein Gefühl verdrängt, desto mehr beherrscht es einen! Wir sind dann normalerweise mit der einen Partei identifiziert (»Ich sehe mich nach B.«), während die andere – die Sehnsucht nach A, zu der wir sagen: »Du bist nicht ich«, – uns aus dem Untergrund beherrscht, möglicherweise ohne dass wir es bemerken.

Die Lösung besteht wie immer im »Wahrnehmen« (= »die Wahrheit nehmen«). Die Wahrheit ist, dass wir uns nach A und nach B sehnen. Die Wahrheit ist ferner, dass es ein Gefühl von Konflikt in uns gibt. Wir haben also nichts weiter zu tun, als diese drei Gefühle bewusst wahr- und in unser Herz aufzunehmen: erstens das Gefühl von Konflikt, zweitens die Sehnsucht nach A und drittens die Sehnsucht nach B. Jedes dieser Gefühle will gesondert wahrgenommen und gewürdigt werden und jedes braucht etwas Bestimmtes von unserem Herzen. (Konkreteres dazu finden Sie im Kapitel »Wie eine unterdrückte Sehnsucht aufgespürt und befreit werden kann«.) Sobald dies geschehen ist, kann die Seele wieder atmen. Die Blockade ist aufgehoben, die Energie kann wieder fließen und im Äußeren bahnt sich eine Lösung an.

25 Arten, seine Sehnsucht zu begraben

- Es ist sinnlos.
- Es ist unmöglich.
- Es ist unerreichbar.
- Das darf man nicht.
- Wenn ich diese Sehnsucht zulasse, geschieht ... und davor habe ich Angst.
- Sehnsucht tut weh.
- Wenn ich diese Sehnsucht zulasse, mache ich mich schuldig.
- Es ist nicht recht/nicht richtig, sich nach ... zu sehnen.
- Es ist unmoralisch.
- Es ist vermessen.
- Es ist kindisch.
- Es steht mir nicht zu.
- Ich verdiene es nicht.
- Es ist zu schön um wahr zu sein.
- So etwas gibt es nicht für mich.
- Es bringt mich in Schwierigkeiten.
- Man wird mich verachten/verlassen/nicht mehr lieben etc.

- Wenn ich diese Sehnsucht zulasse, verliere ich … und davor habe ich Angst.
- Diese Sehnsucht steht im Widerspruch zu einer anderen, und letztere ist mir wichtiger.
- Wenn ich diese Sehnsucht lebe, komme ich in eine Zwickmühle.
- Wenn ich diese Sehnsucht zulasse, wird XY ärgerlich … traurig … etc.
- Wenn ich das tue, schädige ich XY.
- Wenn ich diese Sehnsucht zulasse/lebe, bekomme ich ein Problem.
- Andere halten diese Sehnsucht für blöd, unsinnig, falsch oder illusorisch, und ich glaube ihnen.
- Andere brauchen meine Aufmerksamkeit/Zuwendung/Treue/Pflege und ich vernachlässige die Bedürfnisse meines eigenen Herzens, um die ihren zu erfüllen (in Wahrheit tue ich es allerdings nicht für die anderen, sondern weil ich Angst habe, diese Menschen zu verlieren oder mich schuldig fühlen zu müssen).

Kompliziert wird die Sache dadurch, dass wir uns dieser Verdrängung nicht bewusst sind. Das Argument, unter dem wir die Sehnsucht begraben, erscheint uns unbewusst als Tatsache, die den selbstverständlichen Hintergrund unseres Denkens bildet. Wir kommen nicht auf die Idee, dass es nur ein Gedanke sein könnte. Oft sind die Mechanismen der Verdrängung recht komplex und raffiniert und können nicht so ohne weiteres durchschaut werden. Mit der körperzentrierten Herzensarbeit hat sich allerdings eine Methode entwickelt, die es leicht macht, die wahren Gefühle seines Herzens aufzuspüren und die Sehnsucht zu befreien.

Wie die Unterdrückung der Sehnsucht uns krank und unglücklich macht

All-das-was-ist vibriert vor Verlangen.
Das Verleugnen eures Verlangens führt zu Lustlosigkeit.
JANE ROBERTS[43]

Ich hatte einen Hexenschuss. Konnte kaum aus einem Sessel, geschweige denn aus dem Bett hochkommen. Es war quälend. Manuelle Therapien brachten Besserung, ein wenig Selbsterforschung und körperzentrierte Herzensarbeit ebenfalls, aber kaum fühlte ich mich besser, traf mich der nächste »Hexenschuss«, und wieder ging ich schmerzgekrümmt durchs Leben. Das Ganze wiederholte sich noch einmal und erstreckte sich über mehrere Wochen. Schließlich entdeckte ich die Ursache. Es war ein innerer Konflikt. So wie zwei Wirbel in meiner Wirbelsäule einander blockierten, standen zwei Sehnsüchte in Konflikt miteinander, hatten sich so sehr ineinander verkeilt, dass sie meine Bewegungsfähigkeit blockierten.

Das eine war die Sehnsucht nach Liebe und Wärme; das andere die Sehnsucht, in Freiheit meinen eigenen Weg zu gehen. Die genauere Prüfung ergab: Bewusst identifiziert war ich mit dem Teil meiner Person, der in Freiheit seinen eigenen Weg gehen wollte. Unbewusst beherrscht wurde ich von dem anderen Teil, mit dem zu identifizieren ich mich weigerte: dem kleinen Mädchen, das nichts weiter wollte als all die Wärme und Liebe, die ihm in der Kindheit versagt gewesen waren. Das hatte zur Folge, dass ich meine Freiheit, mein Alleinsein, meine eigenen Freuden und Bestrebungen fast völlig aufgab, um in der wonnigen Nähe meines Geliebten zu sein.

Sobald ich das Thema erkannt hatte, war die Lösung einfach. Es ging eigentlich nur darum, mein Herz für jede der beiden »Konfliktparteien« zu öffnen – und für den Gesamtzustand (Konflikt und Blockade) ebenfalls.

Als erstes machte ich mir den aus dem Konflikt resultierenden emotionalen Blockadezustand bewusst, an dem ich zwar die ganze Zeit gelitten, den ich aber noch nie bewusst wahrgenommen hatte. Ich tat dies, indem ich mich auf den Schmerz in meiner Wirbelsäule, genau an jener Stelle, an der die beiden Wirbel überquer standen, konzentrierte und in dem physischen den psychischen Schmerz erkannte.

Danach wandte ich mich der einen Konfliktpartei zu, meiner Sehnsucht nach Liebe und Wärme, und öffnete ihr mein Herz. Das Gleiche tat ich dann mit der anderen Konfliktpartei, meiner Sehnsucht nach Freiheit und Selbstverwirklichung.

Mit jedem dieser inneren Schritte lockerte sich etwas in meinem Rücken, bis ich wieder einigermaßen schmerzfrei und beweglich war. Einige Tage danach stellte ich fest, dass sich subtile, aber wirkungsvolle Veränderungen in meinem Verhalten eingestellt hatten. Plötzlich war ich in der Lage, sowohl meine Bewegungsfreiheit als auch die Nähe zu meinem Partner zu leben. Es war eigentlich gar kein Problem. Ich hatte aber mein Leben lang eines daraus gemacht!

Damit war die Geschichte allerdings noch nicht vorbei. Kurze Zeit darauf erwischte es mich erneut. Hexenschuss! Ich konnte mir aber keinen Hexenschuss leisten, verflixt! Ich hatte so viel zu tun! Na gut. Es half nichts: Ich musste mir die Sache von neuem anschauen. Zwei Stunden lang quälte ich mich auf meinem Meditationsplatz herum, wobei jede Sitzposition wehtat, und versuchte so gut es ging, mich auf das Symptom zu konzentrieren. Diesmal meldete sich ein Teil, der wie am Spieß schrie, als ich in die Schmerzzone hineinfühlte. Er hatte eine ans Hysterische grenzende Wut und wollte endlich gehört werden. Die Wut bezog sich darauf, dass dieser Teil von mir das Leben, das ich führte, hasste und am liebsten alles zerstören wollte. Wie ich entdeckte, war ich stark mit diesem Teil identifiziert. Ich lehnte mein Leben ab. Genau genommen hatte ich es schon immer abgelehnt. Diese spezielle Wut und Ablehnung bezog sich allerdings auf meine derzeitige Lebensweise. Nach und nach gelang es mir, mich aus der Identifikation herauszuholen, indem ich erst die Wut bewusst und aufmerksam fühlte (sie wollte vor allem wahrgenommen werden, brauchte aber auch Anerkennung, Achtung und Erbarmen) und dann die Ablehnung (sie brauchte Erlaubnis und Verständnis). Dann hielt ich Ausschau nach der Sehnsucht dieses Teils. Zunächst fand ich sie nicht, weil sich Resignation und Hoffnungslosigkeit einstellten (»Es hat ja doch keinen Zweck«, »Das kann man nicht ändern«), denen ich ebenfalls mein Herz öffnete. Schließlich entdeckte ich sie. Es war die Sehnsucht nach einer anderen Art von Leben, nach einem Leben, das mich glücklich machen würde. Diese Sehnsucht war unter der Überzeugung, das Leben lasse sich nicht ändern, begraben gewesen.

Nachdem dieser Teil nun rundum versorgt war, fragte ich mich, ob es nicht auch das Gegenteil in mir gab: einen Teil, der mein Leben liebte, wie es war? In der Tat, den gab es, aber er hatte bisher keine Chance gehabt, weil ich mit dem anderen – dem ablehnenden – identifiziert gewesen war! Ich gab diesem Teil ein wenig Zuwendung, indem ich ihn reden ließ (»Ich liebe diese Wohnung; sie hat Platz für alles«, »Ich liebe diesen Ort; er ist so schön und erholsam«, »Ich habe eigentlich eine wunderbare Arbeit …« und so fort). Allein das bewusste Wahrnehmen und Anerkennen wirkte wie Balsam auf mich.

Schließlich warf ich noch einen Blick auf den Konflikt

zwischen diesen beiden Parteien. Dann brach ich die Sitzung ab, denn ich hatte viel Arbeit vor mir.

Das Aufstehen war noch ein wenig mühsam, aber wenig später stellte ich fest, dass meine Wirbel nicht mehr blockiert waren und ich mich wieder frei bewegen konnte. Nicht nur das, ich war plötzlich voller Lebensfreude! Seitdem – toi toi toi – ist meine Wirbelsäule wieder frei.

An diesem Beispiel sieht man übrigens, dass sich an ein- und derselben Körperstelle oder in ein- und demselben Symptom durchaus verschiedene psychische Themen abspielen können. Diese Erfahrung habe ich in der körperzentrierten Herzensarbeit mehrmals gemacht. Man kann die psychosomatischen Zusammenhänge nicht verallgemeinern à la »Hexenschuss bedeutet dies« und »Zahnschmerzen bedeutet jenes«. Allerdings finde ich es nützlich, manchmal nachzuschlagen, welche psychisch-geistige Bedeutung andere Experten in einem Symptom sehen. Es könnte ja sein, dass es zutrifft und ich es übersehen habe. Ich nehme diese Zuordnungen aber nur als Anregungen zur eigenen Überprüfung.[44]

Eine Freundin von mir hatte einen kranken Zahn. Er schmerzte sehr und die zahnärztliche Behandlung besserte den Schmerz nicht. Sie kam auf die Idee, dem Schmerz auf den Grund zu gehen, und entdeckte, dass der Zahn sterben wollte. Daneben gab es aber auch den Wunsch nach Leben. Diese beiden kämpften miteinander. Meiner Freundin war klar, dass dieser Zahn nicht einfach ein Objekt in ihrem Mund, sondern ein Teil ihrer selbst war. Es gab also, folgerte sie, in ihr selbst einen Teil, der sterben, und einen Teil, der leben wollte. Sie machte sich klar, dass ihr kranker Zahn ein leidender Teil ihrer selbst war, und fühlte sich tief in diesen Teil hinein. Dabei entdeckte sie, dass dieser Teil nicht mehr leben wollte. »Warum willst du denn sterben?«, fragte ich sie (ich half ihr bei der Übung) und richtete meine Frage ganz bewusst an den Teil von ihr, der sterben wollte. »Ich möchte nicht in einer Welt leben, die so voller Ungerechtigkeit ist wie diese«, sagte sie. Als sie erkannt hatte, worum es ging, konnte sie ihr Herz öffnen, und zwar sowohl für den Wunsch, diese Welt zu verlassen, als auch für den Schmerz der Ungerechtigkeit. »Gibt es auch eine Sehnsucht darunter?«, fragte ich. »Wonach sehnt sich dieser Teil?« – »Nach Gerechtigkeit«, sagte sie und brach in Tränen aus – die Art von Tränen, die spontan auftreten, wenn man den Nagel auf den Kopf, oder besser gesagt, mitten ins Herz getroffen hat. Nun konnte meine Freundin ihr Herz für ihre Sehnsucht nach Gerechtigkeit öffnen, und dadurch machte es für den leidenden Teil wieder Sinn zu leben. Dem Zahn ging es danach wieder gut.

Wenn Sie eine Sehnsucht in sich unterdrücken, unterdrücken Sie einen Teil Ihrer selbst. Das macht nicht nur traurig, eventuell krank und depressiv, sondern man leidet unbewusst auch an der Lüge. Selbst wenn man seine Sehnsucht aus den rechtschaffensten Gründen unterdrückt, spürt man: Etwas stimmt nicht mit dem Leben, das ich führe. Das möchte man aber nicht spüren, denn man weiß keine Lösung für das Dilemma. Würde man zugeben, dass etwas nicht stimmt, müsste man zugeben, dass man sich nach … sehnt, und dann müsste man sich mit einer Situation konfrontieren, für die es keine Lösung gibt … All diese Gedanken sind vorhanden, aber sie werden ignoriert, denn sie würden uns stören. Aber so viel wir sie auch ignorieren, so sehr wir sie auch verdrängen, sie sind da und erzeugen eine disharmonische Verfassung in uns, die sich auf Dauer natürlich auch auf unsere körperliche Verfassung auswirkt. Hier ein Zipperlein, dort ein Wehwehchen … Für die meisten ist es völlig normal, an irgendetwas zu leiden und sich regelmäßig etwas vom Arzt verschreiben zu lassen. Wer aber wach wird, bemerkt an solchen kleinen Zeichen des Körpers, dass ihm etwas fehlt. (Wie sinnvoll ist doch die traditionelle ärztliche Frage: Was fehlt Ihnen?) Natürlich fehlt einem etwas, nämlich das, wonach man sich sehnt. Und nicht nur das, sondern auch das Mittel, das einen mit dem Fehlenden verbinden und »guter Hoffnung« sein lassen würde, nämlich die Sehnsucht selbst, ist einem abhanden gekommen.

Der Gedanke, es gäbe keine Lösung für ein Dilemma der geschilderten Art, ist übrigens nur ein Gedanke. Solange wir mit diesem Gedanken identifiziert sind, sehen wir tatsächlich keinen Ausweg. Sobald wir jedoch erkennen, dass es nur ein Gedanke ist – und nicht unbedingt eine Tatsache –, können wir uns das Gefühl bewusst machen, das dieser Gedanke verursacht (Aussichtslosigkeit beispielsweise), und unsere Sehnsucht nach einer Lösung mobilisieren. Dadurch befreien wir uns aus dem blockierten Zustand und es kommt Bewegung in die Angelegenheit.

Wenn wir eine Sehnsucht in uns unterdrücken, lassen wir einen Teil unserer selbst nicht leben. Was geschieht mit der Energie, die diesem Teil gehört? Ein Teil sitzt im Körper fest, an der Stelle, an der ich meine Sehnsucht, meine Angst, meine Frustration und meine Aggression speichere, also die Gefühle, die dieser Teil hegt, die ich aber nicht in mein Bewusstsein lasse. Ein Teil wird verbraucht durch die Anstrengung, die es mich kostet, einen Teil von mir zu unterdrücken. Es gibt jedoch immer noch einen Energieüberschuss. Dieser erzeugt Unruhe und Unzufriedenheit. Er will irgendwie eingesetzt werden.

Ich kann diese überschüssige Energie statt dort, wo sie von Natur aus hingehört, in andere Aktivitäten und Lebensbereiche investieren. Ist es zum Beispiel die Sehnsucht nach Freiheit und Abenteuer, die ich um einer festen Beziehung willen unterdrücke, so kann ich den Energieüberschuss in diese Beziehung investieren. Da dies jedoch mehr Energie und Aufmerksamkeit ist, als der Beziehung zusteht, leidet diese auf Dauer darunter. Vielleicht beginnt der Partner sich eingeengt zu fühlen und ergreift die Flucht. Oder ich leide unter ständiger Frustration, weil ich »zu viel gebe« und zu wenig zurückbekomme. Kein Wunder, dass ich zu wenig zurückbekomme; denn mein Geben entspricht nicht der Wahrheit und mein Partner reagiert mit Dankbarkeit nur auf die Dinge, die ich wirklich von Herzen und ohne eigensüchtige Hintergedanken gebe! Es kann aber auch anders sein: Man lebt in einer Partnerschaft oder Ehe, in der für eine bestimmte – beziehungsbezogene – Sehnsucht kein Raum ist. Es wäre durchaus möglich, diese Sehnsucht in einer Beziehung auszuleben, aber diese Beziehung lässt es nicht zu, warum auch immer. Manchmal liegt es daran, dass der Partner es nicht wünscht. Manchmal kann man sich aber auch einfach nicht vorstellen, diese Sehnsucht mit diesem Menschen zu leben, und gibt sich nicht die Chance es auszuprobieren. Nun hegt man also eine Sehnsucht, die auf die Partnerschaft bezogen ist, sich in dieser aber nicht verwirklichen kann. Folglich unterdrückt man sie (man will ja weder fremd- noch fortgehen) – und investiert die überschüssige Energie in etwas anderes, beispielsweise in seine Arbeit, und wird ein »workaholic«, der seinen Arbeitsplatz nur noch verlässt, um zu essen und zu schlafen!

Wie auch immer die Verhältnisse liegen, die Energie der unterdrückten Sehnsucht wird in einen anderen Lebensbereich investiert und in der Folge entsteht ein Energie-Ungleichgewicht. Ein Lebensbereich wird überversorgt mit Energie, die ihm eigentlich nicht zusteht. Man ist aus der Balance.

Eine weitere Möglichkeit, die überschüssige Energie loszuwerden, die aus der Unterdrückung einer Sehnsucht entsteht, besteht darin, sie durch Rauchen, übermäßigen Alkohol-, Zucker-, Fernseh- oder Kaffeegenuss (alles Drogen, die viel vitale Energie verbrauchen) oder dergleichen »wegfressen« zu lassen, was den zusätzlichen Vorteil bietet, dass die Droge den Schrei unserer Seele nach Leben, wenigstens vorübergehend, ersticken kann. (Mehr dazu im Kapitel

»Ablenkung und Sucht«.) Eine überaus praktische Lösung, die uns hilft, den reduzierten Zustand zu ertragen, in den wir uns durch die Knebelung unserer Seele begeben haben, und die Zeit bis zum Tod auf einigermaßen erträgliche Weise totzuschlagen!

Hinter jedem Problem steckt ein Schmerz, hinter jedem Schmerz eine Sehnsucht

Wo Leid ist, ist Irrtum … Zu irgendeinem Ziel in sich »unmöglich« zu sagen, ist eine Sünde wider den Geist, da es ihn hindert, durch dich hindurch sich selbst zu wirken.

PRENTICE MULFORD[15]

Hier kommen wir nun zum Kern unserer menschlichen Problematik und zugleich zum Ansatzpunkt unserer Erlösung. Wenn wir ein Problem haben, so liegt dies stets daran, dass es etwas gibt, das wir nicht fühlen möchten. Sonst hätten wir mit der betreffenden Sache oder Person kein Problem. Nicht das Ereignis oder die Person ist das Problem, sondern die Art, wie wir uns mit diesem Ereignis oder dieser Person fühlen – und nicht fühlen möchten. Die Sache bereitet uns Schmerz, aber dieser Schmerz existierte bereits in uns. Umstände oder Personen rühren an eine alte seelische Wunde und da wir Angst vor dem Schmerz haben, verschließen wir unser Herz. Anstatt die Angst und den Schmerz zu fühlen, erklären wir die Angelegenheit zu einem Problem und suchen nach einer Lösung. Das Problem ist also nicht die Angelegenheit selber. Das Problem ist auch nicht der Schmerz, den sie in uns weckt. Das Problem ist unsere Angst vor diesem Schmerz. Soweit habe ich die Zusammenhänge bereits in anderen Büchern beschrieben, vor allem in *Aufwachen und lachen*. Wie bereits an früherer Stelle ausgeführt, habe ich jedoch in neuerer Zeit entdeckt, dass der Schmerz nicht das unterste Gefühl ist, sondern dass unter dem Schmerz jeweils noch eine Sehnsucht sitzt. Diese Sehnsucht wird unter dem Schmerz erzeugenden Gedanken regelrecht begraben.

Nehmen wir an, Sie haben ein Problem in Ihrer Beziehung zu Ihrem Lebenspartner. Er oder sie gibt sich beispielsweise kalt und distanziert, während Sie sich nach Liebe und Wärme sehnen. Sie verstehen das nicht. Sie rebellieren dagegen. Sie fragen, warum das so ist. Sie werden wütend und denken an Trennung. Wenn Sie an diesem Punkt aufmerksam werden und sich nach innen wenden, um Ihren Anteil an der Problematik zu untersuchen, entdecken Sie vielleicht, dass das distanzierte Verhalten Ihres Partners in Ihnen das Gefühl weckt, abgelehnt zu werden. Bisher haben Sie stets mit Flucht oder Aggression reagiert, sobald Sie auch nur in die Nähe dieses Gefühls kamen. Nun beschließen Sie, es sich einmal anzuschauen. Als erstes werden Sie vermutlich mit Ihrer Angst vor Ablehnung konfrontiert. Lernen Sie sie kennen. Wie fühlt sie sich an? Wo sitzt sie im Körper? Spüren Sie Ihren Atem und nehmen Sie Kontakt mit Ihrer Angst auf. Was braucht sie von Ihrem Herzen? Verständnis? Anerkennung? Achtung? Oder will sie einfach nur gefühlt werden? Wenn Sie Ihr Herz auf diese Weise für Ihre Angst geöffnet haben, sind Sie vielleicht in der Lage, es auch für Ihren Schmerz zu öffnen. Lassen Sie den Gedanken, abgelehnt zu sein, auf sich wirken. Denken Sie an die Situation, die ihn ausgelöst hat. Nehmen Sie sich vor, das Gefühl der Ablehnung kennen zu lernen. Wie fühlt es sich an zu denken, dass Sie abgelehnt werden? Spüren Sie Ihren Atem und Ihren Körper. Lassen Sie das Gefühl zu. Es ist nur ein Gefühl – keine Tatsache, die Sie umbringen kann. Fühlen Sie es. Während Sie auf diese Weise Ihr Gefühl der Ablehnung kennen lernen, fragen Sie sich, wonach Sie – als der Mensch, der unter Ablehnung leidet – sich sehnen. Vermutlich entdecken Sie nun Ihre Sehnsucht danach, angenommen oder geliebt zu werden. Können Sie sie fühlen? Merken Sie nun, dass Sie diese Sehnsucht nie zugelassen haben, weil Sie immer dachten, das hätte keinen Zweck? Sie waren mit der Idee identifiziert, abgelehnt zu sein. Es ist eine kindliche

Idee, Ihre Reaktion auf das Verhalten vermutlich eines Elternteils. »Ich bin abgelehnt«, denkt das Kind, wenn die Eltern sich ihm gegenüber kalt oder distanziert verhalten. »Ich bin« ist die Identifikation. »Abgelehnt« wird fortan zum Bestandteil seines Selbstbildes. Unbewusst hält man sich sein Leben lang für abgelehnt. Man strahlt es aus, man verhält sich entsprechend und interpretiert das Verhalten der Mitmenschen entsprechend. Man sehnt sich zwar schmerzlich danach, angenommen zu werden, aber diese Sehnsucht bekommt nie eine Chance, denn es herrscht die unbewusste Überzeugung, dass dieses Wunder nie eintreten kann – da man sich ja mit »abgelehnt« identifiziert.

Sobald Sie, mit einem offenen Herzen für Ihre Angst, den Schmerz bewusst fühlen und die darunter liegende Sehnsucht aus der Verbannung erlösen, indem Sie ihr erlauben, in Ihr Bewusstsein und Ihr Herz aufzusteigen, kann die Sehnsucht ihre schöpferische Kraft entfalten und Ihnen das bringen, wonach Sie sich sehnen: die Erfahrung, angenommen zu sein. Zunächst einmal findet diese Erfahrung in Ihrem Innern statt, indem Sie sich selber annehmen – Ihren Schmerz und Ihre Sehnsucht. Daraufhin verwandelt sich Ihr Selbstgefühl, Ihre Wahrnehmung des Verhaltens anderer und Ihre Ausstrahlung, und das ersehnte Wunder tritt ein. Auf einmal bemerken Sie Annahme, wo sie Ihnen entgegenkommt (früher haben Sie sie nicht bemerkt oder zumindest nicht an sich heran gelassen). Sie wittern nicht mehr Ablehnung hinter jedem distanzierten, zerstreuten oder unfreundlichen Verhalten eines anderen Menschen, und wenn sie Ihnen tatsächlich einmal entgegenschlägt, können Sie Ihren Schmerz als Ihr eigenes Gefühl wahrnehmen und die Gefühle der anderen Person als deren Angelegenheit erkennen, die mit Ihnen nichts zu tun hat. Und nachdem Sie sich selber angenommen haben (indem Sie Ihr Herz für Ihren Schmerz der Ablehnung und Ihre Sehnsucht nach Annahme geöffnet haben), ziehen Sie Menschen an, die Sie akzeptieren. Das ist eine ganz natürliche Magie. Fühlen Sie sich nicht auch mehr zu Menschen hingezogen, die Selbstliebe und Selbstannahme ausstrahlen, als zu solchen, die sich selber ablehnen?

Jeder psychische Schmerz, den wir nicht verarbeitet haben, ist an eine negative Identifikation gekoppelt. Am eben geschilderten Beispiel der Ablehnung ist das am leichtesten zu demonstrieren. Aber für die anderen seelischen Schmerzen gilt das Gleiche. Wenn wir von unseren Eltern wiederholt mit Aussagen wie »Aus dir wird nie etwas« oder »Kannst du denn nie mal etwas richtig machen« gedemütigt wurden, bleibt in uns die unbewusste Identifikation mit der Idee zurück, ein Versager zu sein. Natürlich wünschen wir uns dann glühend, das Gegenteil von einem Versager zu sein – jemand, der durch seine Leistung, sein Können, seinen Erfolg, die Welt (sprich seine Eltern) beeindruckt. Diese Sehnsucht ist durchaus vorhanden, aber wir geben ihr keine Chance, da wir ja mit »Versager« identifiziert sind! Es ist etwa so, als würde sich ein weißer Mensch danach sehnen, schwarz zu sein oder umgekehrt oder ein Elefant danach, ein Tiger zu sein. Es geht nicht.

Das ist das Problem mit der Identifikation. Solange ich mich für einen Versager halte, ist es zwecklos, sich danach zu sehnen, keiner zu sein. Sobald ich aber entdecke, dass »Versager« nur ein Gedanke ist – der Gedanke meiner Eltern und nun mein eigener, aber eben nur ein Gedanke und keine Realität – und dass an diesem Gedanken ein Gefühl klebt – das Gefühl der Wertlosigkeit oder Impotenz oder wie immer man es nennen mag –, kann ich meinen Schmerz bewusst durchleben, ohne in ihm unterzugehen. Und während ich ihm mein Herz öffne, taucht die Sehnsucht auf und mit ihr die Möglichkeit, nach der ich mich sehne.

Teil III

Die Sehnsucht befreien

Wie Sie Ihre unterdrückte Sehnsucht aufspüren und befreien können

Suche den Mangel in dir,
und du wirst ganz.
Sprecht nicht über den Mangel!
Aber bekennt ihn Ihm,
denn seht: Sein Herz ist voll,
und Er gibt immer.

GITTA MALLASZ[46]

Es gibt viele Arten von Sehnsucht, die uns bewegen. Einige sind uns bewusst, andere weniger und wieder andere haben wir ganz vergraben. Die Übungen am Ende einiger vorangegangener Kapitel zielen darauf ab, sich die Sehnsüchte zu vergegenwärtigen, die einem mehr oder weniger bewusst sind. Wie aber findet man die unbewussten Sehnsüchte, die tief vergrabenen?

Über der Sehnsucht sitzt der Schmerz, unter dem man sie begraben hat. Über diesem sitzt die Angst vor diesem Schmerz. Diese Angst lässt uns in bestimmten Situationen emotional reagieren. Wir ärgern uns, werden wütend, empört, aggressiv, wir halten es nicht aus, flippen aus, wir versteifen uns, wir werden traurig, verzweifelt, wir resignieren, wir flüchten, verstummen, sind nicht mehr ansprechbar, verschließen uns oder reagieren auf welche Art auch immer emotional, wenn das Verhalten unserer Mitmenschen oder Ereignisse den Schmerz einer seelischen Wunde in uns anrühren, vor dem wir uns fürchten und den wir auf keinen Fall fühlen möchten. An unserer emotionalen Reaktion (auch wenn wir selber sie vielleicht nicht »emotional« nennen würden, weil sie eher im Abblocken von Emotion besteht) und an unseren gedanklichen Selbstgesprächen erkennen wir, dass wir mit einem Menschen oder einer Angelegenheit ein Problem haben.

Ein Beispiel: Ihr Nachbar ärgert Sie mit seinem unhöflichen Verhalten. Sie fühlen sich gezwungen, ihm aus dem Weg zu gehen, und schranken dadurch Ihre Bewegungsfreiheit ein. Vielleicht meinen Sie, das Problem läge bei Ihrem Nachbarn, und schimpfen über ihn, meinen, er müsse anders sein. Aber das Problem, das Sie haben, liegt bei Ihnen. Sie trauen sich nicht mehr, sich frei zu bewegen. Sie haben vor etwas Angst. Wovor? Vor Gewalt? Unfreundlichkeit? Streit? Konfrontation? Wovor haben Sie Angst? Und wie würden Sie sich fühlen, wenn das Befürchtete einträte? Bedroht? Verletzt? Abgelehnt? Verurteilt? Das ist der Schmerz, vor dem Sie solche Angst haben, dass Sie es vorziehen, Ihre Bewegungsfreiheit einzuschränken, um ihn nicht fühlen zu müssen. Oder Ihr Lebens- und Liebespartner flirtet mit anderen. Sie werden wütend und verbitten sich das. Es gibt Krach. Sie denken, das Problem läge im Verhalten des Partners. Aber Sie sind es, der das Problem hat, nicht Ihr Partner. Sie leiden. Woran leiden Sie? Sie haben Angst vor dem Gefühl, welches das Verhalten Ihres Partners in Ihnen auslöst. Sie haben solche Angst davor, dass Sie meinen, damit nicht leben zu können. Welches ist das schlimme Gefühl? Haben Sie Angst, ihn oder sie zu verlieren? Dann ist der Schmerz, vor dem Sie sich fürchten, der von Verlust, Verlassenwerden oder Trennung. Oder haben Sie Angst davor, sich ungeliebt fühlen zu müssen? Unattraktiv? Wertlos? Oder gedemütigt? Oder verraten? Dies sind Beispiele für seelischen Schmerz. Wenn sich die Wunde des Verrats, der Demütigung oder des Ungeliebtseins in Ihrer Kindheit tief in Ihre Psyche eingegraben hat, werden Sie solange Angst vor diesem Schmerz haben und glauben, ihn nicht überleben zu können, bis Sie ihn eines Tages ganz bewusst durchlebt und entdeckt haben, dass er nur ein Gefühl ist. Dann werden Sie entdecken, dass unter diesem Schmerz eine Sehnsucht begraben liegt, eine Sehnsucht, die immer schon in Ihnen war, aber nie leben durfte. Vielleicht ist es die Sehnsucht, geliebt zu werden. Oder wertgeschätzt zu werden. Oder geachtet. Oder die Sehnsucht, vertrauen zu können – jemanden zu haben, der einen nicht im Stich lässt, nicht verrät und zu einem steht. Diese Sehnsucht war immer da, aber sie hat keine Chance bekommen, ihre schöpferische Kraft zu entfalten, weil dem ein Riegel vorgeschoben wurde. In jeder Situation, in der sich die Sehnsucht zu Wort melden wollte, haben Sie gesagt: »Es ist ja doch zwecklos.« Oder: »Es ist unmöglich.« Oder: »Das gibt es nicht für mich.«

Immer wenn wir ein Problem haben, gibt es etwas, das wir nicht fühlen möchten, weil wir Angst haben, dieses Gefühl sei unerträglich. Diese Angst existiert mit einer gewissen Berechtigung, weil wir mit dem Gedanken identifiziert sind, es gäbe kein Heilmittel für diesen Schmerz, es sei zwecklos, sich danach zu sehnen. Die Sehnsucht, die uns dieses Heilmittel herbeischaffen würde, wenn wir sie nur ließen, bekommt keine Chance. Kein Wunder, dass man sich dagegen wehrt, den Schmerz zu fühlen, wenn man meint, er sei unheilbar!

Der einfachste und natürlichste Weg, an die vergrabene Sehnsucht heranzukommen, besteht darin, die Themen, die einen zum gegenwärtigen Zeitpunkt zu schaffen machen – also seine aktuellen Probleme – unter die Lupe zu nehmen. Unter jedem Problem sitzt ein Schmerz, vor dem man Angst hat, sonst hätte man kein Problem; und unter jedem Schmerz ist eine Sehnsucht begraben. Wenn man also bei dem, was einen gerade beschäftigt – bei dem aktuellen Problem – innehält und in die Tiefe geht, gräbt man an der richtigen Stelle.

Welches Problem beschäftigt Sie gerade? Wie Sie mit dem

Trinken, dem Rauchen oder dem Schokoladeessen aufhören können? Halten Sie sofort inne. Schauen Sie es sich an. Denken Sie an den Moment, in dem Sie zum Suchtmittel greifen wollen. Vielleicht ist gerade jetzt ein solcher Moment. Beobachten Sie das Gefühl, das als erstes auftaucht. Schauen Sie es sich bewusst an. Vielleicht ist es das Gefühl, etwas nicht aushalten zu können. Nehmen Sie es bewusst wahr. Lernen Sie es kennen. Dann das darunter liegende und dann das, das darunter liegt – bis Sie auf den Schmerz stoßen, um den es geht. Können Sie ihn zulassen? Er ist auch nur ein Gefühl. Auch wenn er noch so schlimm ist. Man kann ihn sich bewusst anschauen. Spüren Sie Ihren Atem und nehmen Sie sich vor, ihn kennen zu lernen. Und dann fragen Sie nach der Sehnsucht, die darunter sitzt. Wonach sehnt sich der Teil von Ihnen, der unter diesem Schmerz leidet? Wonach würde er sich sehnen, wenn er dürfte? Oder könnte?

Welches Problem beschäftigt Sie gerade? Das Verhalten eines Ihrer Mitmenschen? Ihr eigenes Verhaltensmuster? Ihre finanzielle Situation? Die Zwickmühle, in der Sie sich gerade befinden? Das Gefühl, in einer ausweglosen Situation zu sein? Ihr Magengeschwür? Was immer es ist: Halten Sie inne, gehen Sie der Sache auf den Grund, indem Sie sich Schicht um Schicht Ihrer eigenen Gefühle bewusst werden, bis Sie auf den Schmerz stoßen, der Ihnen Angst macht. Kümmern Sie sich liebevoll um Ihre Angst, öffnen Sie Ihr Herz für den Schmerz und fragen Sie sich dann, welche Sehnsucht unter diesem Schmerz begraben liegt.

Auf diese Weise nutzen Sie Ihr aktuelles Problem, um eine verborgene Sehnsucht aufzuspüren und zu befreien, und zugleich finden Sie zur Lösung Ihres Problems oder kommen ihr zumindest einen großen Schritt näher.

Manchmal hat man nicht die Zeit oder die Lust, so tief zu graben. Dann kann man es auch etwas oberflächlicher angehen und direkt herausfinden, um welche Sehnsucht es geht. Wenn Sie sich beispielsweise in einer ausweglosen Situation befinden, fragen Sie sich einfach: Wonach sehne ich mich? Wahrscheinlich taucht dann als erstes der Gedanke auf, es sei zwecklos, sich nach irgendetwas zu sehnen, weil es ja doch keinen Ausweg gäbe. Nehmen Sie diesen Gedanken als Gedanken zur Kenntnis und sagen Sie sich: Okay, vielleicht ist es so; aber wenn es nicht so wäre – nur als Gedankenspiel – wonach würde ich mich sehnen, wenn es Zweck hätte? Und wenn die Sehnsucht sich dann hervortraut – zum Beispiel die Sehnsucht, einen Ausweg zu finden –, spüren Sie Ihren Atem und treten Sie in Kontakt mit ihr. Fühlen Sie sie. Fragen Sie sich, was sie von Ihrem Herzen braucht. Vielleicht vom Gedanken der Unmöglichkeit befreit zu werden? Oder Anerkennung? Oder Erlaubnis? Sie werden Erleichterung verspüren, sobald Sie Ihr Herz für Ihre Sehnsucht geöffnet haben, ganz gleich, was der Verstand dazu sagt. Ihre Sehnsucht ist genau die Kraft, die die Situation verändern kann. Sie wartet nur darauf, wirken zu können. Und damit sie wirken kann, müssen Sie den Riegel entfernen, den Sie vor ihr Wirken geschoben haben. Mehr ist zunächst einmal nicht nötig. Möglicherweise tauchen, während Sie das versuchen, die Ängste und Schmerzen auf, die mit dem Thema verbunden sind. Umso besser. Schauen Sie sie an. Fühlen Sie bewusst. Öffnen Sie Ihr Herz für diese Gefühle. Und befreien Sie Ihre Sehnsucht. Auf diese Weise kann die Energie wieder fließen und es kommt Bewegung in die Situation. Zumindest werden Sie selber sich getröstet fühlen, weil Sie spüren, dass es eine Kraft in Ihnen gibt, die etwas ändern kann. Sie werden wieder Zuversicht in sich entdecken. Und sobald Zuversicht da ist, kommt auch Lösung in Sicht.

Die Technik der körperzentrierten Herzensarbeit

Wenn wir Abstand nehmen und beobachten, werden wir allmählich in die Lage versetzt, unsere Gedanken als Gedanken, das heißt als etwas Unwirkliches zu sehen und zu erkennen, dass sie nicht die Wahrheit sind … Und was bleibt dann? Es bleibt die unmittelbare Erfahrung der physischen Reaktion in meinem Körper, der Bodensatz sozusagen. Wenn ich diesen Bodensatz direkt erlebe (als Spannung, Verkrampfung) werde ich, da es im unmittelbaren Erfahren keine Dualität gibt, allmählich in die Dimension (samadhi) gelangen, in der ich weiß, was zu tun und was der nächste Schritt ist. Dort weiß ich, was richtiges Handeln ist, nicht nur für mich, sondern auch für die anderen. Indem ich ein größeres Gefäß werde, erfahre ich das Einssein auf unmittelbare Weise.

CHARLOTTE JOKO BECK[47]

Körperzentrierte Herzensarbeit ist eine Methode, die uns hilft zu fühlen, was wir fühlen. Wir brauchen eine Technik dazu, da wir so gründlich gelernt haben, unsere Gefühle nicht wahrzunehmen. Wir sind im Allgemeinen mit unserer Aufmerksamkeit bei allem möglichen, nur nicht bei uns selber. Wir merken nicht, wie wir uns fühlen, und wenn wir es merken, fühlen wir es noch lange nicht. Wir wissen gar nicht, was Fühlen bedeutet. Ich wusste es auch nicht, bevor ich es lernte. Ich hielt mich immer für einen sehr gefühlvollen Menschen. Wenn man mir gesagt hätte, dass ich nicht wisse, was fühlen überhaupt sei, hätte ich mit einem Tobsuchtsanfall reagiert. »Emotionale« Menschen verdrängen ihre Gefühle ebenso wie »emotionslose«. Als emotionaler Mensch fühle ich nicht, was ich fühle, sondern ich explodiere wie eine Bombe oder breche in Tränen aus, sobald an gewisse Gefühle gerührt wird – weil ich sie auf keinen Fall fühlen möchte.

Das Gegenstück sind Menschen, die ihre emotionalen Reaktionen nicht bemerken. Sie gelten möglicherweise als vernünftig oder emotionslos und halten sich vielleicht selber dafür. Wenn an ihre seelischen Wunden gerührt wird, explodieren sie nicht und brechen nicht in Tränen aus, sondern verschließen sich. Sie reagieren mit Distanziertheit und Gleichgültigkeit oder mit Ablenkungsmanövern: wenden sich irgendeiner praktischen Beschäftigung zu, flüchten in Arbeit, fangen an, logisch zu diskutieren oder gehen einen trinken. Oder sie versteinern und werden unzugänglich. Wer auf diese Maske hereinfällt, denkt, es seien gefühlskalte, sehr beherrschte oder sehr vernünftige Menschen, die keine Schwäche kennen. Das Gegenteil ist der Fall: Diese Menschen haben riesengroße Angst davor, von Gefühlen mitgerissen und überwältigt zu werden und halten sie deshalb strengstens unter Kontrolle.

Wie auch immer: Wenn wir das sind, was in unserer Kultur als normal gilt, fühlen wir im Allgemeinen nicht, was wir fühlen, sondern verschließen unser Herz davor. Demzufolge können wir auch nicht mitfühlen. Wir halten uns vielleicht für sehr mitfühlende Menschen, weil wir soviel Mitleid haben mit Menschen, die leiden; weil wir weinen angesichts unserer Ohnmacht und Hilflosigkeit oder weil wir uns aufregen über das, was ihnen angetan wird. Aber all das ist nicht Mitgefühl. Es ist unsere eigene emotionale Reaktion. Sie sagt etwas darüber aus, was das Leid des anderen in uns selber auslöst, nicht über das Gefühl des anderen. Mitfühlen bedeutet zu fühlen, was der andere fühlt – ohne eigenen Kommentar. Es ist verbunden mit Respekt und Verständnis.

Da wir von klein auf gelernt haben, unsere Aufmerksamkeit auf etwas anderes zu richten als auf unseren Körper und die Art, wie wir uns darin fühlen, ist das »Verdrängen« unserer Gefühle eine tief sitzende Gewohnheit geworden. Wir können gar nicht anders. Wenn wir es anders machen wollen, müssen wir das lernen und trainieren. Viele Menschen gehen genau deshalb zu Psychotherapeuten, weil sie lernen möchten, mit ihren Gefühlen in Berührung zu kommen. Oder sie unterziehen sich modernen Methoden der Körpertherapie oder Körperpsychotherapie, weil sie wissen, dass der Schlüssel für das Gefühlsleben im Körper liegt.

Meine Methode, die körperzentrierte Herzensarbeit, kommt nicht aus der Therapie (und ist auch keine Therapie), sondern aus der Meditation. Meditation bedeutet Innehalten, Innewerden, seine Aufmerksamkeit nach innen richten; das wahrnehmen, was im gegebenen Augenblick das Feld der Aufmerksamkeit betritt: ein Geräusch, eine Körperempfindung, ein Gedanke, ein Gefühl und immer den Atem, denn der Atem ist immer da. Zumindest ist das die Basis und der Ausgangspunkt der Meditation. (Fortgesetzte und vertiefte Meditation bringt uns in Verbindung mit dem, was hinter dieser Welt der Sinneseindrücke verborgen ist.) Wenn Sie ein Problem haben, können Sie, statt weiter in Taten oder Gedanken nach einer Lösung zu suchen oder es zu verdrängen, auch innehalten und sich des Problems inne werden.

Wo ist das Problem, wenn Sie sich still hinsetzen und die Augen schließen? Was ist jetzt, in diesem Augenblick, real wahrzunehmen von der ganzen Angelegenheit? Real vorhanden in diesem Augenblick sind Ihre Gedanken, die das Problem beschreiben, und ein bestimmter Körperzustand, der diese Gedanken begleitet. In diesem werden Sie, wenn Sie näher hinschauen, das entdecken, was Sie fühlen: Ihre Emotion.

Diese Emotion war die ganze Zeit da, aber Sie haben sie nicht bemerkt, geschweige denn gefühlt. Sie haben Ihr Herz, das, womit Sie fühlen können, vor ihr verschlossen. Nun nehmen Sie sie wahr, fühlen Sie, und wenn Sie dies offen und aufmerksam tun, können Sie erleben, wie Ihr Herz sich diesem Gefühl öffnet. Sie erkennen das an einer plötzlichen Regung von Verständnis, Achtung oder Erbarmen, die zu einen Annehmen des Gefühls führt.

Die Probleme erzeugenden Gedanken kommen zum Stillstand. Die Ursache des Problems – nämlich die Angst vor einem bestimmten Gefühl – entfällt und somit auch das Problem. Dies ist gleichzeitig meist der Anfang dessen, was wir allgemein unter einer Lösung verstehen. (Die Dinge ändern sich, sodass das, was uns gestört hat, entfällt. Manchmal ändert sich aber auch nur unsere Sichtweise und es stört uns plötzlich nicht mehr. Durch diese unsere veränderte Sichtweise verändern sich wiederum Dinge in unserem Umfeld, da dieses ja auf uns antwortet.)

»Körperzentrierte Herzensarbeit« bedeutet, die inneren Vorgänge bewusst wahrzunehmen; die Gedanken als das zu erkennen, was sie sind, nämlich Gedanken (anstatt sie weiter für Tatsachen zu halten); die Körperempfindungen als das zu erkennen, was sie sind, nämlich der körperliche Ausdruck von Emotionen, und diese Gefühle bewusst wahr- und anzunehmen (statt sie unbewusst zu haben). Eine Emotion nimmt man wahr, indem man sie fühlt. Man kann sie nicht aus der Ferne beobachten, sondern muss sich mitten in ihr befinden, von ihr ergriffen sein und sie körperlich spüren. Da wir nicht nur reine Seele oder reiner Geist sind, sondern auch Körper, fühlen wir auch mit dem Körper.

Wenn Sie also eines Ihrer Probleme nutzen möchten, um eine eventuell darunter vergrabene Sehnsucht zu entdecken und zu befreien, finden Sie hier die einzelnen Schritte der Übung[48]:

Erster Schritt: Denken Sie an Ihr Problem

Beobachten Sie zunächst eine Weile Ihre Gedanken, statt sie einfach nur zu denken. Vergegenwärtigen Sie sich dann Ihr Problem, indem Sie sich konkret an die betreffende Situation (oder eine solche Situation) oder Person erinnern beziehungsweise (falls sie in der Zukunft liegt) sie sich vorstellen.

Zweiter Schritt: Nehmen Sie wahr, was in Ihrem Körper geschieht

Was macht Ihr Körper, während Sie an dieses Thema denken? Lenken Sie Ihre Aufmerksamkeit in den Bereich Ihres Körpers, der in irgendeiner auffälligen Weise reagiert: mit Schmerz, Anspannung, Stechen, Klopfen, Zittern, Schwitzen, Taubheit, Schwäche oder was auch immer. Spüren Sie Ihren Atem und nehmen Sie sich vor, diesen körperlichen Zustand kennen zu lernen. Analysieren Sie ihn nicht (dann sind Sie mit Ihrer Aufmerksamkeit nicht im Körper, sondern in Ihren Gedanken), sondern seien Sie mit Aufmerksamkeit und Atem dort präsent, wo das Symptom sitzt, und erleben Sie es bewusst.

Dritter Schritt: Lernen Sie das Gefühl kennen, das sich in Ihrem Körperzustand ausdrückt

Während Sie den betreffenden Körperzustand mit tiefer Aufmerksamkeit bewusst erleben, machen Sie sich klar, dass der Teil Ihres Körpers, bei dem Sie gerade sind, ein Teil Ihrer selbst ist und dass der Zustand, in dem sich dieser Teil Ihres Körpers befindet, demzufolge Ihr eigener Zustand ist – Ihr Gefühl. Wie fühlt sich dieser Teil? Oder: Wie fühlen Sie sich, während Sie in ihm anwesend sind und Ihren Atem spüren? Spüren Sie Ihren Atem. Seien Sie inmitten des Symptoms aufmerksam anwesend und entdecken Sie die Emotion, deren Ausdruck es ist.

Vierter Schritt: Öffnen Sie Ihr Herz für diese Emotion. Während Sie Ihren Atem spüren und weiter mit dem betreffenden Gefühl in Kontakt sind, fragen Sie sich, was dieses Gefühl[49] von Ihnen braucht. Probieren Sie folgende Formulierungen durch: Braucht dieses Gefühl vor allem,

- dass es gefühlt oder wahrgenommen, beachtet, gesehen, gehört wird
- oder Anerkennung, dass es da ist;
- die Erlaubnis, da sein zu dürfen;
- Verständnis
- Erbarmen
- Mitgefühl
- Respekt (Achtung)
- oder Raum?

Sofern Sie über das Spüren Ihres Atems tatsächlich mit dem betreffenden Gefühl in Kontakt sind und sich kein anderes hindernd davor schiebt (dann müssen Sie zunächst diesem Gefühl Ihr Herz öffnen), werden Sie erleben, dass sich bei einem dieser Worte in Ihrem Herzen etwas regt und es sich dem Gefühl öffnet. Sie merken dies an einer kleinen oder großen inneren Erschütterung und/oder an der Erleichterung, die sich einstellt, sobald Sie das richtige Wort denken. Der Teil Ihrer selbst, der an dem betreffenden Gefühl leidet, ist erleichtert, weil er endlich gesehen, anerkannt und verstanden wird.

(Diese Worte wirken deshalb als Herzensschlüssel, weil sie das Gegenteil von dem bezeichnen, womit wir Gefühle aus unserem Herzen aussperren. Das eine Gefühl ignorieren wir, das andere halten wir für zwecklos, oder wir verbieten es uns, verachten es, lassen es nicht leben, geben ihm keinen Raum oder schotten uns dagegen ab. Das sind verschiedene Arten, unser Herz – den zentralen Teil unserer selbst, der fühlen und verstehen kann – gegen ein Gefühl zu verschließen. Um die Gefühle wieder nach Hause zu holen, in unser Herz müssen wir genau den Riegel entfernen, den wir davor geschoben haben: den Riegel der Unmöglichkeit oder des Verbots, der Verachtung und so fort. Deshalb ist die Sache mit dem Herzöffnen eine ziemlich präzise Angelegenheit, und man spürt genau, welches Wort die Öffnung bewirkt.)

Nun haben Sie Ihr Herz für eine Emotion geöffnet, welche die problematische Angelegenheit in Ihnen ausgelöst hat. Wahrscheinlich sitzen unter diesem Gefühl noch weitere, tiefere Gefühle. Wenn Sie Ihrem Problem auf den Grund gehen und bis zur vergrabenen Sehnsucht vordringen möchten, müssen Sie jedes beteiligte Gefühl kennen lernen.

Dem Problem weiter auf den Grund gehen

Hier gibt es zwei mögliche Vorgehensweisen.

Erstes Verfahren: Gehen Sie weiterhin vom Körper aus. Beobachten Sie, ob sich das körperliche Symptom (der besondere Körperzustand, den Sie eben kontempliert haben) nun beruhigt hat oder ob es immer noch auf sich aufmerksam macht. In letzterem Fall gehen Sie noch einmal mit Ihrer Aufmerksamkeit tief hinein und spüren den Teil des Gefühls oder das weitere Gefühl darin auf, den oder das Sie noch nicht entdeckt haben. Ansonsten beobachten Sie, ob es andere Stellen im Körper gibt, die sich melden, wenn Sie an Ihr Problem denken. Wenden Sie sich diesen auf die gleiche Weise zu.

Zweites Verfahren: Statt noch einmal in den Körper hineinzuspüren, ermitteln Sie tiefere Gefühlsschichten gedanklich. Eben haben Sie Ihr Herz für ein bestimmtes Gefühl geöffnet. Nun können Sie sich fragen, welches Gefühl darunter sitzt. Wenn Sie beispielsweise eine Angst entdeckt haben, fragen Sie sich, wovor Sie Angst haben. Wenn es Trauer ist, fragen Sie sich, worüber Sie traurig, wenn es Wut ist, worüber Sie wütend sind, und so fort. Auf diese Weise entdecken Sie das tiefere Gefühl. Unter allen negativen Emotionen sitzt Schmerz. Sie sind dann auf Grund gestoßen, wenn Sie diesen Schmerz entdecken. Lernen Sie ihn ebenso kennen wie die übrigen Gefühle. Spüren Sie Ihren Atem – jeden Atemzug! Am Atem können Sie sich festhalten, wenn es schwierig wird. Und nehmen Sie sich vor, Ihren Schmerz zu erforschen. Das hilft Ihnen, nicht darin zu versinken. Wenn das schwierig ist, machen Sie sich bewusst, dass es nicht darum geht, eine Tatsache zu akzeptieren, sondern darum, ein Gefühl, das ohnehin vorhanden ist, bewusst wahrzunehmen. Es ist nur ein Gefühl. Sobald Ihnen das klar ist, sollten Sie in der Lage sein, den Schmerz zuzulassen, ohne in ihm unterzugehen.

Letzter Schritt: Die Sehnsucht befreien

Unter jedem Schmerz liegt eine Sehnsucht begraben. Welche liegt unter diesem? Wonach sehnt sich der Teil von Ihnen, der unter diesem Schmerz leidet? Wonach hat er sich immer gesehnt, ohne dass Sie dieser Sehnsucht je eine Chance gegeben hätten?

Beobachten Sie die Gedanken und die emotionale Reaktion, die sich auf diese Frage einstellt. Stellen Sie sich die Frage so lange (und nehmen Sie dabei eventuell auftauchende gedankliche oder emotionale Reaktionen wie Sinnlosigkeit, Zwecklosigkeit, Aussichtslosigkeit, Resignation, sich tot stellen, nichts fühlen oder auch Wut, Verbitterung, Frustration, einfach bewusst zur Kenntnis), bis die Sehnsucht in Ihren Gedanken auftaucht. Nun können Sie sich dieser Sehnsucht genauso zuwenden, wie Sie sich den anderen Gefühlen zugewandt haben. Wie fühlt es sich körperlich an, diese Sehnsucht zu haben? Spüren Sie Ihren Atem. Erlauben Sie Ihrer Sehnsucht, in Ihr Bewusstsein aufzusteigen und sich auszubreiten. Fühlen Sie sie. Öffnen Sie Ihr

Herz für sie, indem Sie sich fragen, was sie von Ihnen braucht:

- für möglich gehalten werden? (Ihr Verstand kann das vielleicht nicht, aber Ihr Herz kann es. Dazu müssen Sie die Sehnsucht wirklich fühlen.)
- Anerkennung?
- Erlaubnis (da sein dürfen)?
- Beachtung? Wahrgenommen werden?
- Achtung? Geehrt werden?
- Raum?
- Zuwendung? Pflege?
- Erbarmen?
- leben dürfen?

Bei Sehnsucht sieht die Liste der Schlüsselworte ein wenig anders aus als bei den negativen Gefühlen.

Der Gegenspieler

Manchmal ist einem eine Sehnsucht durchaus bewusst, aber dennoch scheint sie blockiert zu sein, und wir sind nicht in der Lage, unser Herz für sie zu öffnen. Dann gibt es möglicherweise einen inneren Gegenspieler – eine entgegengesetzte Sehnsucht. Wenn man beispielsweise an einem Gefühl von Gefangensein (im Beruf, in der Beziehung, in eigenen Verhaltensmustern oder in seiner Lebensweise insgesamt) leidet und sich nach Freiheit sehnt, kann gleichzeitig eine Sehnsucht nach Sicherheit oder Geborgenheit existieren, die einen unbewusst beherrscht und dazu treibt, in der gewohnten beengten Situation zu bleiben.

Diesen Gegenspieler kann man finden, indem man sich fragt: Was hindert mich daran, meiner Sehnsucht zu folgen? Was wäre denn schlimm, wenn ich es täte? Die Antwort ist immer eine Angst. Ich fürchte mich vor etwas. (In meinem Beispiel mit der Sehnsucht nach Freiheit könnte ich mich beispielsweise davor fürchten, meinen Partner zu verlieren. Oder meine finanzielle Sicherheit. Oder ich habe Angst, Verantwortung übernehmen zu müssen.) Dieser Angst muss man sein Herz öffnen (indem man sie fühlt, statt sie nur zu haben, und prüft, was sie vom Herzen braucht, indem man die Schlüsselworte durchprobiert). Unter dieser Angst sitzt ein Schmerz (das, wovor man Angst hat), den man ebenfalls aus der Verdrängung erlösen kann, indem man ihn bewusst fühlt, und eine Sehnsucht, deren Ziel dem Ziel der anderen Sehnsucht entgegengesetzt ist. Öffnen Sie Ihr Herz für diese Sehnsucht (die des Gegenspielers), indem Sie sie fühlen und die Herzensschlüssel (für Sehnsucht) durchprobieren, bis Sie den erlösenden gefunden haben. Danach werden Sie problemlos auch Ihrer anderen Sehnsucht (der, die Sie ursprünglich angeschaut haben) Ihr Herz öffnen können.

Unternehmen Sie bitte keinen Versuch, diese beiden verschiedenen Bestrebungen miteinander zu vereinbaren oder zu versöhnen. Öffnen Sie einfach Ihr Herz, indem Sie jede von ihnen kennen lernen und einer jeden das geben, was sie braucht. Überlassen Sie es dem Leben herauszufinden, wie diese beiden Arten von Sehnsucht nebeneinander existieren und einander ergänzen oder sich ausbalancieren, unterstützen oder bereichern können oder was auch immer der Sinn und Zweck ihres gleichzeitigen Vorhandenseins sein mag.

Nun haben Sie also unter einem aktuellen Problem eine seit langem vergrabene Sehnsucht entdeckt und gefühlt (oder womöglich zwei verschiedene). Sie werden gemerkt haben, wie befreiend das wirkt. Im Allgemeinen bessern sich die körperlichen Symptome im selben Moment oder verschwinden ganz. Die Seele atmet auf, man fühlt sich wieder mit dem Leben versöhnt. Diese Sehnsucht ist wie ein kostbarer Schatz, den Sie in der Tiefe Ihres Herzens gehoben haben. Er will gehütet werden. Das bedeutet, dass Sie ihn nicht, oder jedenfalls nicht leichtfertig, anderen anvertrauen und sich diese Sehnsucht niemals wieder ausreden lassen sollten, weder von anderen Menschen noch von Ihrer eigenen Vernunft. (Diese »Vernunft« ist Unwissenheit.) Dieser Schatz will aber auch gepflegt werden. Das bedeutet, dass Sie nicht zulassen, dass sich Staub darauf absetzt und sein Glanz erlischt. Zu diesem Zweck müssen Sie ihn öfter hervorholen und sich an seiner Schönheit erfreuen. Und da es ein lebendiger Schatz ist, der wachsen und Früchte bringen will, braucht er auch Nahrung und Zuwendung.

Wie Sie Ihrer Sehnsucht die richtige Pflege angedeihen lassen

Auf was auch immer man in sonniger, klarer Träumerei – in siegender Leuchtkraft den Entschluss richtet, das beginnt als zartes Gedankengerüst in einem unsichtbaren Nebel von Leben bauende Kräfte als liebende Helfer zu sich zu ziehen ... Verschwende nie deine Kraft, nach solchen Helfern mit deinen körperlichen Sinnen zu suchen. Lass Unbewusstes das allein besorgen, du selbst hast nur die Stimmung festzuhalten ... Eine werdende Mutter hat nichts zu tun, als »guter Hoffnung« zu sein.

PRENTICE MULFORD[50]

Sie haben Ihr Herz für eine Sehnsucht geöffnet, die vermutlich schon seit langem in Ihnen existierte, aber nicht so richtig zum Zuge kommen konnte. Wie geht es nun weiter?

Ihrer Sehnsucht das zu geben, was sie braucht – Anerkennung, Achtung, Raum oder Erlaubnis –, ist zunächst einmal ein innerer Akt, der in einem Augenblick erfolgt, nämlich in dem Augenblick, da sich Ihr Herz Ihrer Sehnsucht öffnet. Aber dieser einmalige innere Akt allein reicht nicht aus. Er muss sich im täglichen Leben fortsetzen. Das, was die Sehnsucht von Ihnen braucht, müssen Sie ihr nun geben: Aufmerksamkeit, Beachtung, Raum ... Sie muss in Erinnerung gerufen werden, muss Momente ausschließlicher Aufmerksamkeit bekommen und einen ständigen Platz nicht nur in Ihrem Herzen, sondern auch im Hintergrund Ihres Bewusstseins. Mit anderen Worten, Sie müssen öfter an sie denken. Indem Sie dies üben, hegen und pflegen Sie Ihre

Sehnsucht, nähren sie (und damit sich selber) mit Aufmerksamkeit und ermöglichen es ihr, ihre schöpferische Kraft zu entfalten, Sie zu inspirieren und Ihnen Erfüllung zu bringen.

Wenn Sie Ihr Herz einmal für eine bestimmte Sehnsucht geöffnet haben, können Sie ihr ein äußeres Symbol widmen, dem Sie einen Platz auf Ihrem Altar geben, an Ihrem Bett, auf Ihrem Schreibtisch oder wo auch immer Sie öfter hinschauen. Dieses Symbol soll sie daran erinnern, mit Ihrer Sehnsucht in Kontakt zu treten, und es ist ein Zeichen dafür, dass Sie Ihre Sehnsucht hochhalten. Und hier noch ein paar zusätzliche »Pflegetipps« für Ihre Sehnsucht:

Kontemplation

Machen Sie Ihre Sehnsucht von Zeit zu Zeit zum Gegenstand meditativer Betrachtung. Fühlen Sie Ihren Atem, denken Sie an Ihre Sehnsucht; betrachten Sie die Bilder und Gedanken, die dabei aufsteigen; vertiefen Sie sich in das Gefühl, das diese Bilder und Gedanken in Ihnen auslösen. Sehen Sie sich am Ziel Ihrer Sehnsucht. Erforschen Sie, wie sich das anfühlen würde. Öffnen Sie Ihr Herz auch diesem Gefühl.

Gebet

Verwandeln Sie Ihre Sehnsucht in ein Gebet. Wenn Sie hierzu in der Lage sind, ohne dass hinderliche Gedanken es vereiteln, so ist das die Bestätigung dafür, dass sich Ihr Herz dieser Sehnsucht tatsächlich ganz geöffnet hat. (Wenn nicht, kümmern Sie sich um die »Gegenspieler«, indem Sie die mit ihnen verbundenen Gefühle kennen lernen und herausfinden, was diese von Ihrem Herzen brauchen.)

Ausdruck

Bringen Sie Ihre Sehnsucht zum Ausdruck: in Worten, die Sie sprechen oder aufschreiben; in Geschichten, in Gesang oder Musik; in Bildern, die Sie malen oder zusammenstellen; in Tanz oder Bewegung … wie auch immer: Drücken Sie sie aus.

Leben

Fragen Sie sich, was Sie für Ihre Sehnsucht tun können – außer sie zu fühlen, ihr Raum zu geben, für sie zu beten und sie auszudrücken. Stimmt das, was Sie in Ihrem Leben tun, mit Ihrer Sehnsucht überein? Wenn nicht, warum nicht? Vielleicht gibt es Ängste, die Sie noch nicht beachtet haben, oder entgegengesetzte Wünsche – eine Sehnsucht, die in eine andere Richtung weist. Gehen Sie diesen mit der körperzentrierten Herzensarbeit auf den Grund. Machen Sie auf diese Weise den Weg frei für Ihre Sehnsucht.

Innere Stimme

Wenn Ihre Sehnsucht von der Unterdrückung und von Gegenspielern befreit in Ihnen leben und wirken kann, wenn sie im Hintergrund Ihres Bewusstseins ständig präsent ist, können Sie sich erlauben, sie wieder zu vergessen. Das heißt, Sie können sie aus Ihrem Tagesbewusstsein streichen und brauchen nicht ständig daran zu denken. In Ihrem Herzen und im Hintergrund Ihres Bewusstseins ist sie gut aufgehoben. Ständiges Denken kann ihre Wirkungskraft sogar beeinträchtigen, weil Ihr Verstand das Ziel meist in der falschen Richtung sucht. Nehmen Sie sich vor, auf Ihre innere Stimme zu achten, auf Zeichen und Hinweise von innen und außen, die von Zeit zu Zeit auftauchen und wie Wegweiser fungieren. Wie diese Zeichen genau aussehen und woran Sie sie erkennen werden, kann ich Ihnen nicht sagen. Der Weg eines jedes Menschen und die Sprache, in der er mit sich selber spricht (oder das Universum mit ihm) ist einmalig. Ihre Zeichen werden anders aussehen als meine. Es reicht, wenn Sie sich vornehmen, auf sie zu achten – und ihnen zu folgen natürlich.

Weitere Methoden, mit der Sehnsucht in Kontakt zu kommen

Größer als Sterne und Sonnen, machst du dich, Seele,
mit Lust auf deine Reise;
Welche Liebe könnte sich weiter dehnen als deine
und unsere?
Welches Wollen und Wünschen das unsre überbieten,
o Seele?

WALT WHITMAN[51]

Außer der körperzentrierten Herzensarbeit – die aufgrund ihrer Einfachheit und Tiefenwirkung in meiner eigenen Arbeit immer Vorrang hat – gibt es andere Wege, sich der Sehnsucht anzunähern, die im eigenen Innern verborgen ist. Einige Anregungen gebe ich im Folgenden. Vielleicht möchten Sie sie befolgen; vielleicht inspirieren sie Sie auch dazu, eigene Methoden zu entdecken.

Luftschlösser bauen

Wählen Sie ein Thema oder einen Bereich Ihres Lebens oder auch des kollektiven Lebens aus und entwickeln Sie eine Vision dessen, was Sie gern hätten. Bauen Sie Luftschlösser aus Ihrer Sehnsucht. Halluzinieren Sie nicht, fantasieren Sie nicht irgendwelchen Unsinn zusammen, sondern lassen Sie Ihre Sehnsucht das Bild entwerfen und versetzen Sie sich selbst in die Vision hinein. Stellen Sie sich vor, dieser Bereich Ihres Lebens oder der Welt wäre bereits so, wie Sie es sich erträumen. Wie würden Sie sich fühlen? Die Sehnsucht nach diesem Gefühl existiert bereits in Ihnen und ebenfalls, wenn auch vielleicht nur im Keim, das Gefühl selber. Öffnen Sie Ihr Herz dafür. Machen Sie sich bewusst, dass jede erschaffene Realität irgendwann als Sehnsucht und Vision begonnen hat.

Listen schreiben

Schreiben Sie alles auf, wonach Sie sich sehnen. Beginnen Sie mit Ihrer psychologischen Sehnsucht. Schreiben Sie »Ich sehne mich« und ergänzen Sie den Satz mit immer neuen Begriffen, die auftauchen.

»Ich sehne mich nach Wärme.
Ich sehne mich nach Geborgenheit.
Ich sehne mich nach Trost.
Ich sehne mich nach Liebe.
Ich sehne mich nach Schutz.
Ich sehne mich danach, angenommen zu werden.
Ich sehne mich danach, dass jemand da ist.
Ich sehne mich nach Unterstützung.
Ich sehne mich nach Verständnis.
Ich sehne mich nach Mitgefühl.
Ich sehne mich danach, geliebt zu werden.
Ich sehne mich nach Raum.«

Und so fort.

Wenn keine neuen Begriffe mehr auftauchen, lesen Sie Ihre Liste. Verweilen Sie bei einzelnen Punkten und schmücken Sie sie aus. Zum Beispiel:

»Ich sehne mich nach Wärme. Ich sehne mich danach, wie ein Kind in der körperlichen Wärme meiner Mutter geborgen zu sein. Ich sehne mich danach, mit Wärme angeschaut zu werden. Ich sehne mich nach der Wärme von Mitgefühl und Freundlichkeit.«

»Ich sehne mich nach Trost. Ich sehne mich nach jemandem, der mich in die Arme nimmt und mir sagt, dass alles gut ist. Ich sehne mich nach dem Trost liebender Zuwendung. Ich sehne mich nach dem Trost einer unterstützenden Gegenwart. Ich sehne mich nach dem Trost einer Hand, die mir über den Kopf streicht.«

»Ich sehne mich nach Schutz. Ich sehne mich nach einem Ort, wo ich sicher bin vor Angriffen und Verletzungen. Ich sehne mich danach, einen solchen geschützten Ort in mir selbst zu finden. Dort würde alles gut sein und niemand könnte mir wehtun.«

»Ich sehne mich danach, dass jemand da ist und antwortet und mich versteht. Jemand, der mit mir fühlt und mich wirklich versteht.«

Schreiben Sie auch Widerstände und Schwierigkeiten auf, die sich zu Wort melden. Notieren Sie sie einfach genau so, wie sie auftauchen, und wiederholen Sie dann den Satz, der die Sehnsucht ausdrückt, und schmücken Sie ihn weiter aus. »Ich sehne mich danach, geliebt zu werden. Oh, hier wird es schwierig. Ich sehne mich danach, geliebt zu werden … Aber das fühlt sich an, als ob es etwas Verbotenes sei. Als ob es schlecht und egoistisch wäre, sich so etwas zu wünschen … Oder ich mich damit schuldig machen würde … Ich sehne mich danach, geliebt zu werden. Danach, dass jemand mich liebt und mit seiner Liebe wirklich mich meint. Dass jemand mich mit Liebe anschaut. Nicht mit Mitleid, sondern mit Liebe. Damit ich merken kann, dass ich etwas Geliebtes und Wertvolles bin. Und etwas Schönes. Etwas, das man lieben kann.«

»Ich sehne mich danach, wichtig zu sein. Aber das ist ja kindisch … Wieso will ich denn wichtig sein … Ich sehne mich danach, wichtig zu sein. Wieso will ich denn wichtig sein … Alle sind wichtig … Ich sehne mich danach, wichtig zu sein. Ich möchte so wichtig sein, dass man mich bemerkt. Ich möchte bemerkt werden. Ich möchte für jemanden so wichtig sein, dass er mich nicht im Stich lässt …«

»Ich sehne mich danach, mit Achtung behandelt zu werden. Aber verdiene ich denn Achtung? Ich benehme mich doch so blöd … Egal. Ich sehne mich danach, mit Achtung behandelt zu werden. Übrigens, behandle ich andere denn mit Achtung? Ich sehne mich danach, mit Achtung behandelt zu werden … und andere zu achten … Sehne ich mich danach auch? Ich sehne mich danach, in einer Atmosphäre von Respekt zu leben … Ja, das klingt richtig.«

Lesen Sie das Geschriebene noch einmal und verweilen Sie bei jedem Satz, der ein Gefühl ausdrückt oder in dem ein Gefühl verborgen ist. (Im letzten Beispiel: »Ich benehme mich doch so blöd …« und: »Ich sehne mich …«) Schließen Sie einen Moment lang die Augen, spüren Sie Ihren Atem und erforschen Sie, wie sich die Emotion körperlich anfühlt und was sie von Ihrem Herzen braucht.

Wenn Sie alle Arten von psychologischer Sehnsucht, die Ihnen einfallen, aufgeschrieben haben, gehen Sie zu Ihrer Sehnsucht nach Entfaltung und Verwirklichung und zu weiteren Arten von Sehnsucht über.

»Ich sehne mich nach Tanzen.
Ich sehne mich nach Ekstase.
Ich sehne mich nach Freude.
Ich sehne mich nach Leben.
Ich sehne mich nach Freiheit.
Ich sehne mich nach Größe.
Ich sehne mich nach Schönheit.
Ich sehne mich nach dem Heiligen.«

Betrachten Sie dann Ihre Liste und schmücken Sie die einzelnen Punkte aus. »Ich sehne mich nach Freiheit … Ich möchte frei sein wie ein Vogel und meinen Flug genießen.«

Oder: »Ich möchte mich frei bewegen und tun können, was ich will, wie ich es will und wann ich will. Zum Beispiel möchte ich ausgehen, wann ich Lust dazu habe, mit wem ich Lust habe und ohne jemanden fragen zu müssen …«

Und so fort.

Verweilen Sie bei jedem Punkt, den Sie ausgeschmückt haben, und erlauben Sie dem Gefühl der Sehnsucht, sich in Ihrem Innern auszubreiten. Öffnen Sie jeder Sehnsucht ganz bewusst Ihr Herz, indem Sie sich fragen, was sie von Ihnen braucht, und dazu die »Herzensschlüssel« für Sehnsucht durchprobieren, die ich im Kapitel »Die Technik der körperzentrierten Herzensarbeit« aufgelistet habe.

Die Worte fließen lassen

Ziehen Sie sich für einen bestimmten, vorher festgesetzten Zeitraum (zum Beispiel zwanzig Minuten) zurück, nehmen Sie Papier und Stift und schreiben Sie alles auf, was Ihnen zum Thema Sehnsucht einfällt. Wichtig: Zensieren Sie nichts; unterbrechen Sie den Schreibfluss nicht; schreiben Sie, wenn Ihnen nichts mehr einfällt, trotzdem weiter, und wenn Sie nur hinschreiben: »Jetzt fällt mir nichts mehr ein« oder »eine Fliege summt am Fenster« oder was immer Sie gerade wahrnehmen. Schreiben Sie ohne Pause, schreiben Sie alles auf, was Ihnen in den Sinn kommt, wenn Sie an das Thema Sehnsucht denken. Es geht nicht darum, den Verstand fein säuberlich sortieren zu lassen, welche Arten von Sehnsucht in Ihnen existieren (auch wenn das der Anfang der Übung sein kann), sondern Ihr Unterbewusstsein und über dieses schließlich Ihr Herz zu Wort kommen zu lassen.

Es kann also sein, dass bei der Übung auch einiges Negatives zu Tage tritt, etwa Wut, weil man seine Sehnsucht nicht leben durfte, oder Frustration oder Sinnlosigkeit. Was immer es ist, bringen Sie es zu Papier, ohne darüber nachzudenken.

Wenn Sie es vertiefen möchten, können Sie das Aufgeschriebene später zum Gegenstand körperzentrierter Herzensarbeit machen, indem Sie den Text auf die Gefühle untersuchen, die Sie darin ausgedrückt haben, und diese wie beschrieben ins Bewusstsein und ins Herz holen.

Wenn die Übung Ihnen gut tut, können Sie sie einige Male oder von nun an regelmäßig wiederholen.

Die Übung der wiederholten Fragestellung

Diese Übung lässt sich am leichtesten zu zweit durchzuführen, mit einem Übungspartner, dem man vertraut. Dieses Gegenüber hat nichts weiter zu tun, als eine bestimmte Frage zu wiederholen. Einigen Sie sich zu Beginn auf die genaue Formulierung. Welche Frage berührt Sie mehr: »Wonach sehnst du dich?«, »Welches ist deine Sehnsucht?«, »Wonach sehnst du dich am meisten?« oder »Was ist deine größte Sehnsucht?« Entscheiden Sie nicht aufgrund von Logik, sondern nach Gefühl. Wenn Sie sich nicht entscheiden können, wählen Sie einfach irgendeine der Formulierungen.

Bitten Sie nun Ihren Partner oder Ihre Partnerin, Ihnen diese Frage zu stellen. Schließen Sie die Augen, lassen Sie die Frage auf sich wirken und antworten Sie spontan. Sprechen Sie aus, was auftaucht, ohne zu überlegen und ohne zu zensieren. Ihr Gegenüber soll sich bedanken und dann die Frage wiederholen. Frage – Antwort, kurze Pause. Frage – Antwort, kurze Pause. Vereinbaren Sie vorher eine Zeit für die Übung, mindestens aber 15 Minuten. So viel Zeit braucht man erfahrungsgemäß mindestens, damit die Übung ihre Wirkung tun, sprich: tiefere, weniger bewusste Schichten zu Tage fördern kann. Wenn einmal keine Antwort auftaucht, schweigen Sie. Wenn dieselbe Antwort mehrere Male auftaucht, wiederholen Sie sie eben. Der Fragesteller oder die Fragestellerin kann versuchen, mit echtem Interesse zu fragen, das hilft ein wenig, die echten Antworten aus Ihnen hervorzulocken. Wenn Ihre fünfzehn oder zwanzig Minuten verstrichen sind, tauschen Sie die Rollen.

Wenn Sie keinen Übungspartner zur Verfügung haben, können Sie die Übung auch allein machen. Stellen Sie am besten einen Wecker oder eine Eieruhr auf zwanzig Minuten und wiederholen Sie selber die Frage: »Wonach sehne ich mich?«, »Was ist meine Sehnsucht?« oder: »Was ist meine größte Sehnsucht?« Probieren Sie aus, welche Art der Fragestellung Sie am besten anspricht, und bleiben Sie bei dieser. Der Ablauf ist der gleiche wie wenn Sie die Übung mit einem Partner machen: Frage – Antwort. Kurze Pause. Frage – Antwort. Kurze Pause. Zwanzig Minuten lang. Nehmen Sie sich anschließend Zeit, das Ergebnis zu würdigen.

Sich selber einen Brief schreiben

Schreiben Sie sich selber einen Brief, in dem Sie sich über alles beklagen, was Ihnen an Ihrem Leben nicht gefällt. Lesen Sie dann den Brief (am besten frühestens am nächsten Tag), nun als interessierter Empfänger, und versuchen Sie, hinter jedem der Punkte, über den Sie Klage geführt haben, die verborgene Sehnsucht zu entdecken.

Das Tagebuch der Sehnsucht

Widmen Sie Ihrer Sehnsucht ein Tagebuch. Schreiben Sie jeden Tag morgens oder abends, am besten zu einer festgelegten Zeit, einige Zeilen in dieses Tagebuch. Damit das Ganze nicht zur Belastung wird, nehmen Sie sich vor, dass bereits ein Satz pro Tag ausreichend ist. Einen Satz zu schreiben dauert keine Minute. Manchmal werden Sie vielleicht Zeit und Lust haben, mehrere Seiten zu schreiben; ein anderes Mal notieren Sie nur eine kleine Bemerkung wie: »Heute sehne ich mich nach Ruhe und Frieden ... Wenn es in all dieser Aufregung doch nur einen Ort geben könnte, wo Ruhe und Frieden herrscht.« – »Habe heute dieses Lied im Radio gehört, das mich daran erinnert hat, was ich eigentlich einmal sein wollte ... Bin sehr traurig geworden ... Sollte vielleicht diese Sehnsucht mal wieder ausgraben.« Erlauben Sie sich, spielerisch und frei mit Ihrem Tagebuch umzugehen. Schreiben Sie Prosa, schreiben Sie Gedichte, erfinden Sie Lieder, zeichnen Sie Bilder, kleben Sie Fotos hinein ...

Musik

Fast jede Musik entspringt einer Sehnsucht – der Sehnsucht des Komponisten, etwas aus seiner Seele, seinem Herzen oder seiner Gefühlswelt in der Sprache der Musik auszudrücken – und bringt, auf eine oberflächliche oder tiefer gehende Art, eine Sehnsucht zum Ausdruck. Daher kann Musik Sie in Kontakt mit einer Sehnsucht bringen, die auch in Ihnen existiert. Denken Sie nur an Serenaden von Mozart, die Neunte Sinfonie von Beethoven, die vielen Arten von spiritueller Musik – die Musik der Sufis, indische Ragas, die Chormusik von Bach, Gospel Songs und viele andere –

sowie an seelenvolle und seelenerweckende Stücke moderner Komponisten wie zum Beispiel Arvo Pärt (»Aline«), Vangelis (»1492«) oder Rolf Lovland (»Songs of a Secret Garden«). Wenn Sie ein Instrument spielen, haben Sie natürlich wunderbare Möglichkeiten, Ihre Sehnsucht immer wieder neu in Musik umzusetzen. Doch mit keinem Instrument können Sie Ihre Sehnsucht direkter zum Ausdruck bringen als mit Ihrer Stimme, und zwar unabhängig davon, ob Sie »singen können« oder nicht. Wenn Sie Ihrer oder der Meinung Ihrer Umwelt nach nicht singen können, sollten Sie die folgenden Versuche allerdings vielleicht nur dann machen, wenn Sie vor Zuhörern sicher sind.

Die Sehnsucht singen lassen

Dies ist eine Technik, die ich in meinen Singgruppen[52] entwickelt habe. Wählen Sie ein Lied aus, das Ihre Sehnsucht (oder eine Ihrer Sehnsüchte) besonders schön oder besonders deutlich zum Ausdruck bringt. Die Sehnsucht muss nicht wörtlich im Text des Liedes vorkommen, wie etwa bei »Sehnsucht heißt das alte Lied der Taiga«, sondern sollte vor allem in der Stimmung des Liedes zum Ausdruck kommen beziehungsweise in dem, was das Lied, unabhängig von seiner inhaltlichen Botschaft, für Sie bedeutet. Denken Sie nicht logisch, sondern lassen Sie Ihr Herz entscheiden. Wenn, um ein Beispiel zu nennen, »Amsterdam« von Jacques Brel irgendeine namenlose alte Sehnsucht in Ihnen weckt, dann wählen Sie »Amsterdam«, auch wenn Sie weder nach Amsterdam reisen noch sich betrinken noch Matrose sein möchten. Vielleicht mobilisiert, um ein anderes Beispiel aus meiner eigenen Sehnsuchtskiste zu nehmen, das Schlusslied des Films »Fame« (»I sing, the body electric …«) eine starke Sehnsucht in Ihnen, auch wenn Sie kein Star im Sinne des Films werden möchten. Am besten ist es allerdings, ein Lied in der eigenen Muttersprache zu wählen. Unter den als kitschig betrachteten älteren deutschen Schlagern, aber auch unter den Volksliedern und einigen Liedermacher- oder Musical-Songs gibt es etliche, die geeignet sein können. Lassen Sie nicht Ihren möglicherweise etwas hochnäsigen Intellekt auswählen, der vielleicht meint, dass Sie über manchen Kitsch erhaben sein sollten. Wenn es »Weiße Rosen aus Athen« sind, dann sind es eben »Weiße Rosen aus Athen«! Die einfachsten Lieder sind für den Zweck dieser Übung oft die besten.

Wählen Sie eine Strophe aus diesem Lied aus, die Sie besonders berührt.

Singen Sie erst das ganze Lied, wenn Ihnen das Freude macht, und wiederholen Sie dann die ausgewählte Strophe. Und nun achten Sie darauf, dass nicht nur Ihr Mund und Ihre Kehle singen, sondern auch Ihr Brustkorb, Ihr Rücken, Ihr Bauch und Ihr Becken. Sobald Sie einigermaßen dort angekommen sind, wo Ihr ganzer Körper mitsingt und mitschwingt, vergessen Sie die Technik wieder und konzentrieren sich auf den Inhalt des Liedes beziehungsweise auf das, was das Lied für Sie bedeutet (was immer das auch sein mag; es muss nichts mit dem Text des Liedes zu tun haben). Denken Sie an Ihr eigenes Leben und lassen Sie das Lied mit sich arbeiten. Welche Emotion auch immer dabei in Ihnen auftaucht – lassen Sie sie direkt in Ihre Stimme fließen. Nicht indem Sie versuchen der Emotion Ausdruck zu verleihen, sondern indem Sie sie direkt aus dem Ort im Körper, an dem sie sitzt, in Ihre Stimme fließen lassen, und zwar völlig unabhängig davon, ob die Emotion mit dem Text des Liedes übereinstimmt oder nicht.

Wenn alle Emotionen aufgetaucht und in die Stimme geflossen sind, kommt der magische Moment, in dem das Lied Ihnen sozusagen antwortet. Plötzlich fühlen Sie sich auf eine andere Bewusstseinsebene erhoben, Ihre innere Atmosphäre hat sich geklärt und erhöht. Um diesen Durchbruch zu erreichen, brauchen Sie eine bestimmte Zeit – eine Viertelstunde, manchmal auch eine halbe oder eine ganze Stunde.

Malen, gestalten, tanzen ...

Jede Form von Kunst, ob Sie nun ein Meister darin sind oder eher ein Stümper, kann Ihnen helfen Ihre Sehnsucht auszudrücken. Wählen Sie das Medium, das Ihnen am meisten Freude macht. Bringen Sie Ihre Sehnsucht nach Herzenslust zum Ausdruck, und zwar so, wie sie im gegebenen Augenblick gerade auftaucht. Auf welcher Stufe der künstlerischen Vollendung Sie auch stehen, Sie werden immer einen Weg finden, sich selbst zu begeistern, indem Sie Ihre Sehnsucht ausdrücken. Ich selbst habe vor vielen Jahren plötzlich nachts angefangen, Filzstift-Bilder zu zeichnen, obwohl ich nun wirklich überhaupt nicht zeichnen kann. Ich habe keine Ahnung von Proportionen, ich sehe auch nicht gut, aber plötzlich war der Drang da, meine Sehnsucht Bilder zeichnen zu lassen. Im Vorgang des Zeichnens und in dem Augenblick, da das Bild fertig war, habe ich eine Freude gefunden, wie ich sie selten wieder erlebt habe: die Freude der Intimität mit mir selbst, mit meiner Sehnsucht, meiner Seele. Die Bilder sind, obwohl technisch höchst unbeholfen, recht originell geworden. Manche von ihnen haben noch heute, viele Jahre später, die Kraft, mich mit meiner Sehnsucht zu verbinden.

Tanzen ist ein anderes Mittel, seiner Sehnsucht Ausdruck zu verleihen, zunächst einmal der Sehnsucht des Körpers nach spielerischer Bewegung, nach Lebensfreude, nach Ekstase, nach Selbstausdruck mit dem ganzen Körper. Wenn Tanzen Sie inspiriert, dann tanzen Sie! Unabhängig davon, ob Sie es gelernt haben oder nicht oder ob es idiotisch ausschaut oder gut ... Tanzen Sie für sich allein! Tanzen Sie sich frei von aller Form, von aller Müdigkeit und Belastung. Schütteln Sie die Fesseln Ihres täglichen Lebens ab und erfreuen Sie Ihre Seele mit Ihrem Tanz. Stellen Sie sich eine Serie von Musikstücken zusammen, die in der Lage sind, Ihren Körper zu wecken und zum Tanzen zu bringen. Ergänzen und erneuern Sie die Sammlung von Zeit zu Zeit.

Checkliste Sehnsucht

Gehen Sie die folgende Checkliste durch. Am besten tun Sie das nicht auf einmal – es sei denn, Sie können sich einen ganzen Tag dafür Zeit nehmen –, sondern verteilt über mehrere Tage oder Wochen.

1. Kinderträume
Wovon haben Sie als Kind geträumt? Was wollten Sie werden, tun oder erreichen?
Haben Sie etwas davon verwirklicht?
Wenn nein, warum nicht?
Wie fühlen Sie sich heute damit, dass Sie es erreicht/nicht erreicht haben?
Ist eine Sehnsucht aus diesen unverwirklichten Träumen übrig geblieben? Können Sie Kontakt mit dieser Sehnsucht aufnehmen? Können Sie sie fühlen? Was braucht sie von Ihrem Herzen?

2. Träume der Jugendzeit
Wovon haben Sie in Ihrer Jugend geträumt?
Haben Sie etwas davon erreicht?
Wenn nein, was hat Sie daran gehindert?

Wie fühlen Sie sich heute damit, dass Sie es erreicht/ nicht erreicht haben?
Ist eine unverwirklichte Sehnsucht aus dieser Zeit übrig geblieben?
Können Sie Ihr Herz für diese Sehnsucht öffnen, ganz gleich, ob sie in Ihre aktuelle Wirklichkeit passt oder nicht?
Was braucht sie von Ihnen?

3. Liebesbeziehungen
Betrachten Sie Ihr gegenwärtiges Liebesleben. Sind Sie zufrieden damit? Womit sind Sie nicht zufrieden?
Können Sie diese Unzufriedenheit auch spüren?
Wie fühlt sie sich an?
Was braucht sie von Ihnen?
Welche Sehnsucht ist nicht erfüllt?
Können Sie diese Sehnsucht fühlen?
Was braucht sie von Ihrem Herzen?

4. Vergangene Beziehungen
Gibt es in Ihrer Vergangenheit eine Beziehung, die Ihnen etwas gegeben hat, das Sie nie wieder bekommen haben und, wenn Sie ganz ehrlich sind, vermissen?
Was ist dieses besondere Etwas?
Besinnen Sie sich auf die besondere Art des Erlebens und Fühlens, auf die Qualität, die Sie in jener Beziehung erfahren haben.
Sind Sie traurig, wenn Sie daran denken? Oder welche Gefühle tauchen sonst in Ihnen auf? Erforschen Sie sie ganz bewusst und prüfen Sie, was diese Gefühle brauchen.
Können Sie die Sehnsucht nach dieser Art des Erlebens in sich aufspüren?
Was braucht sie von Ihrem Herzen?

Können Sie dieser Sehnsucht erlauben, Sie mit dem ersehnten Gefühl in Kontakt zu bringen, sodass Sie es wieder erleben können?
Falls sich Traurigkeit, Sinnlosigkeit, der Gedanke der Unmöglichkeit oder was auch immer darüber schieben möchte, nehmen Sie dies freundlich zur Kenntnis und prüfen Sie, ob Sie es zur Seite schieben können oder erst gründlich anschauen müssen, bevor Sie sich ganz dem ersehnten Gefühl zuwenden können.
Was braucht das schöne Gefühl von Ihrem Herzen? Erlaubnis? Raum? Möchte es gefühlt werden? Angenommen werden? Oder was sonst?

5. *Persönlichkeit*

Die Fragen dieses Abschnitts kreisen um Ihre Persönlichkeit. Betrachten Sie sie. Sind Sie zufrieden mit ihr? Würdigen Sie Ihre Zufriedenheit oder Unzufriedenheit ganz bewusst.
Welche Eigenschaften oder Fähigkeiten vermissen Sie? Welche hätten Sie gern?
Gehen Sie diese Eigenschaften eine nach der anderen durch, denken Sie an Menschen, die sie besitzen und spüren Sie Ihre Sehnsucht danach in sich auf.
Wonach sehnen Sie sich?
Wie möchten Sie sein?
Was braucht diese Sehnsucht von Ihnen?
Können Sie sich in die ersehnte Qualität hineinfühlen?
Wie wäre es, sie bereits zu besitzen?
Achten Sie auf Ihr Körpergefühl, Ihre Haltung, Ihren Gesichtsausdruck, Ihre Stimmung. Können Sie dieses Gefühl in sich verankern, indem Sie es sich gut merken?
Können Sie ihm Raum geben in Ihrem Herzen?

Was braucht es noch von Ihnen?
Gehen Sie auf diese Weise jede Eigenschaft oder Fähigkeit durch, nach der Sie sich sehnen.

6. *Beruf*
Sind Sie mit Ihrem Beruf oder Job zufrieden?
Was würden Sie tun, wenn Sie frei wählen könnten?
Gibt es in diesem Bereich eine unerfüllte Sehnsucht?
Wonach sehnen Sie sich?
Fühlen Sie Ihre Sehnsucht mit allen Fasern.
Was braucht sie von Ihnen?
Möchte sie gesehen werden?
Braucht sie Anerkennung? Raum? Erlaubnis?
Möchte sie vom Siegel der Unmöglichkeit befreit werden?
Erlauben Sie Ihrer Sehnsucht, sich das Ersehnte auszumalen. Versetzen Sie sich in die Bilder hinein. Stellen Sie sich vor, Sie wären auf dem ersehnten Platz.
Wie fühlen Sie sich dort?
Erforschen Sie das Gefühl und öffnen Sie Ihr Herz dafür.
Was braucht es von Ihnen?
Gibt es etwas, das Sie konkret für diese Sehnsucht tun können – außer, ihr Raum und Aufmerksamkeit zu geben?
Gibt es ein Hindernis?
Welches?
Wie fühlen Sie sich mit diesem Hindernis?
Was braucht dieses Gefühl von Ihrem Herzen?

7. *Lebensform*
Betrachten Sie Ihre Lebensform.
Wo leben Sie? Wie gefällt Ihnen Ihre Umgebung?
Wo arbeiten Sie? Wie gefällt Ihnen Ihr Arbeitsplatz?

Mit wem leben Sie zusammen? Wie gefällt Ihnen Ihr Alleinleben oder Ihr Zusammenleben mit anderen? Und so fort.
Betrachten Sie die Art, wie Sie Ihrem Leben Form gegeben haben, mit Abstand und als Ganzes.
Sind Sie zufrieden mit Ihrer Lebensform?
Dann versuchen Sie, diese Zufriedenheit auch zu fühlen und zu würdigen.
Was braucht sie?
Möchte sie wahrgenommen werden? Braucht sie Anerkennung?
Sind Sie unzufrieden?
Können Sie diese Unzufriedenheit spüren? Wie fühlt sie sich körperlich an? Was braucht sie von Ihrem Herzen?
Schauen Sie nun in die geheimste Kammer Ihres Herzens.
Wie würde Ihr Leben aussehen, wenn es ganz nach Ihnen ginge?
Wenn Sie die freie Wahl hätten?
Wonach sehnen Sie sich?
Fühlen Sie diese Sehnsucht. Öffnen Sie Ihr Herz dafür, indem Sie feststellen, was sie von Ihnen braucht.
Erlauben Sie Ihrer Sehnsucht, sich das Ersehnte auszumalen (egal, wie unrealistisch oder unsinnig es Ihnen auch erscheinen mag).
Versetzen Sie sich in die ersehnte Lebensform hinein.
Wie fühlen Sie sich darin? Frei? Glücklich? Erfüllt? Berauscht? Wohl? Sicher? Geborgen? Tatkräftig? Oder wie sonst?
Erforschen Sie dieses Gefühl. Machen Sie es in sich lebendig. Öffnen Sie ihm Ihr Herz. Was braucht es von Ihnen?
Auf welche Weise können Sie der Sehnsucht nach diesem Zustand einen Platz in Ihrem Leben geben? Fragen Sie Ihr Herz.

8. Spirituelle Entwicklung

Betrachten Sie Ihre spirituelle Entwicklung.
Denken Sie an Menschen, die Sie als Vorbilder betrachten.
Wählen Sie zunächst nur einen aus, der etwas verkörpert, das Sie gern wären.
Welche Qualität ist das?
Erleuchtung? Weisheit? Meisterschaft? Herzensgröße?
Frieden? Liebe? Mitgefühl? Weisheit? Ekstase? Demut?
Verherrlichung? Schönheit? Güte? Macht?
Oder welche Eigenschaft dieses Menschen ist es, die Sie berührt oder inspiriert?
Öffnen Sie Ihr Herz für die Sehnsucht nach dieser Qualität.
Was braucht sie von Ihnen?
Fühlen Sie sich in ihr Vorbild hinein.
Wie wäre es, er oder sie zu sein und diese Qualität bereits zu verkörpern?
Wie würden Sie sich fühlen?
Lernen Sie das Gefühl kennen. Erforschen Sie es.
Achten Sie darauf, wie es sich anfühlt. Achten Sie auf Körpergefühl, Haltung, Gesichtsausdruck und Stimmung.
Fragen Sie sich, was dieses Gefühl von Ihrem Herzen braucht.
Welches ist Ihre größte spirituelle Sehnsucht?
Können Sie sie formulieren?
Können Sie sie fühlen?
Was braucht sie von Ihrem Herzen?

9. Sonstiges

Welche Träume haben Sie noch, die sich nie verwirklicht haben – sei es, weil Sie ihre Erfüllung in die Zukunft oder ins Jenseits verlegt haben, sei es, weil Sie nicht den Mut haben, sie zu verwirklichen, sei es, weil Sie sie als dumm, unrealistisch oder dergleichen abtun?

Vorschlag: Legen Sie ein Tagebuch an, das den Titel »Träume« trägt. Nehmen Sie sich jeden Tag ein wenig Zeit etwas hineinzuschreiben. Schreiben Sie völlig unzensiert auf, was Ihnen in den Sinn kommt. Erlaube Sie sich, nach Herzenslust zu fantasieren.
Lesen Sie das Geschriebene am nächsten Tag oder zu einem anderen Zeitpunkt noch einmal durch und destillieren Sie die Sehnsucht heraus.
Erlauben Sie sich, diese Sehnsucht zu fühlen.
Öffnen Sie Ihr Herz für diese Sehnsucht.
Erlauben Sie sich, sich in das ersehnte Gefühl hineinzuversetzen.
Lernen Sie es kennen.
Öffnen Sie ihm Ihr Herz.

10. Schlussbetrachtung
Wenn Sie jetzt sterben müssten: Welche Sehnsucht würden Sie mitnehmen?

Stets nach der verborgenen Sehnsucht Ausschau halten

Sehnsucht, Wunsch und Erwartung sind die Antriebskräfte eines jeden Bewusstseins zum Handeln, und sie sind auch die grundlegenden Antriebskräfte, die Realitäten erschaffen.

JANE ROBERTS[53]

Wie ich schon sagte, spielt bei jedem Problem nicht nur ein nicht gefühlter Schmerz eine Rolle, sondern auch eine unterdrückte oder blockierte Sehnsucht. Abgesehen davon, dass Sie sich in manchen Momenten Zeit für eine gründliche Kontemplation der Zusammenhänge nehmen, können Sie sich auch einfach angewöhnen, sich in jeder problematischen Situation Ihres Lebens zu fragen: Wonach sehne ich mich eigentlich? Wie hätte ich die Dinge denn gern, wenn es ganz nach mir ginge? Oft bringt mich allein die gedankliche Entdeckung einer solchen Sehnsucht einen großen Schritt weiter. Sie bringt Erleichterung und Bewegung ins Innenleben und befreit mich aus dem blockierten Zustand.

Wenn Sie sich beispielsweise über Ihren Partner ärgern, ist es sicherlich wichtig, Ihren Ärger bewusst zu fühlen und sich um den Schmerz zu kümmern, der darunter liegt. Aber manchmal kann man die Sache auch abkürzen und sich einfach fragen: Was ist es denn, das ich mir von ihm wünsche und nicht bekomme? Wonach sehne ich mich? Vielleicht ärgern Sie sich, weil er sich Ihrem Empfinden nach respektlos verhält, und wünschen sich, mit Achtung behandelt zu werden. Oder wahrgenommen (statt ignoriert) zu werden, verstanden oder geliebt. Oft ist es so, dass wir uns nicht sehnen wollen, weil wir verärgert sind und es vorziehen, über unserem Ärger zu brüten. Wir verfestigen die unerwünschte Situation, indem wir mit unserem Ärger identifiziert bleiben, und fühlen uns auf eine selbstgerechte Weise gut dabei. Unser Herz ist verschlossen. Aber der bloße Gedanke an das, wonach wir uns eigentlich sehnen, kann es bereits wieder ein wenig öffnen und hebt uns von der negativen Schiene (auf der man sein Unglück ständig wiederkäut und dadurch verfestigt) auf die positive. Plötzlich wird Verbesserung möglich – und findet meist auch sofort statt.

Auch wenn Sie beispielsweise mit Ihrer beruflichen Situation unzufrieden sind, können Sie sich fragen, wonach Sie sich sehnen. Vielleicht tauchen erst Gedanken an Unmöglichkeit und Zwecklosigkeit auf. Diese Gedanken können Sie zur Kenntnis nehmen, aber zur Seite schieben, indem Sie sich sagen: Es mag unmöglich sein oder nicht, aber dennoch gibt es eine Sehnsucht in mir. Wonach sehne ich mich denn? Wie wäre es, wenn ich die Realität nach meinen Wünschen formen könnte? Vielleicht taucht die Sehnsucht nach Erfüllung auf und Sie stellen fest, dass Sie Ihre derzeitige Tätigkeit als nicht erfüllend empfinden. Oder die Sehnsucht nach mehr Anregung oder danach, mehr gefordert zu werden. Oder, im Gegenteil, die Sehnsucht nach mehr Leichtigkeit oder Freiheit: Sie empfinden Ihre Arbeit als Last, als Gefängnis oder als zu schwierig. Wenn Sie diese Sehnsucht aufspüren und Ihr Herz für sie öffnen, werden Sie merken, dass zumindest in Ihrem Innern der Weg für eine Veränderung frei wird. Sie können dann ein Weiteres tun und auch die negativen Gefühle bewusst würdigen: Ihre Unzufriedenheit, Ihr Gefühl von Langeweile oder von zu großer Belastung. Entdecken Sie, dass all dies Gefühle sind und keine Tatsachen. Sie brauchen nichts weiter zu tun, als sie bewusst zu fühlen, statt sich weiter unbewusst von ihnen beherrschen zu lassen. Je mehr Sie dies tun, desto lauter wird die Stimme der Sehnsucht in Ihnen werden und desto leichter wird es Ihnen fallen, Ihre Chance zur Veränderung wahrzunehmen, wenn sie auftaucht, statt sie zu ignorieren und weiter im Negativen zu verharren.

Wenn Sie darunter leiden, dass in Ihrem Leben kein Raum ist für Kreativität, für Ihr Hobby, Ihre Lieblingsbeschäftigung oder was auch immer, dann öffnen Sie Ihr Herz für Ihre Sehnsucht, statt sich nur über diesen Zustand zu beklagen oder sich darein zu fügen! Sie werden sehen, dass sich plötzlich neue Möglichkeiten auftun.

Wenn Sie merken – anderes Beispiel –, dass Sie sich immer wieder über einen bestimmten Tatbestand in dieser Welt aufregen, sei es über Ungerechtigkeit, Betrug und Manipulation oder darüber, dass so viele Menschen hungern oder Sie unsere Politiker nicht verstehen, so ändern Sie durch Ihr Schimpfen nichts an der Situation. Im Gegenteil, Sie tragen dazu bei, das Negative zu verfestigen, indem Sie es immer weiter bekräftigen. Graben Sie die Sehnsucht aus, die Ihrer Empörung zugrunde liegt. Damit fangen Sie an, sich auf die konstruktive Seite zu begeben. Wonach sehnen Sie sich? Wie sollte es denn sein, wenn es nach Ihnen ginge? Welche Qualität würden Sie gern in die Welt bringen, wenn Sie an all diese Miseren denken? Gerechtigkeit? Mitgefühl? Friedfertigkeit? Gesunden Menschenverstand? Liebe? Das ist Ihre Sehnsucht. Es ist nicht nur Ihre private Sehnsucht; es ist eine kollektive Sehnsucht und indem Sie sie fühlen und zu ihr stehen, werden Sie zum Kanal für sie und die schöpferische Kraft dieser Sehnsucht kann durch Sie wirken. Wie im vorigen Beispiel erwähnt, müssen Sie Ihr Herz natürlich auch für Ihre Unzufriedenheit, Ihre Empörung oder Hilflosigkeit, also für Ihre negativen Gefühle und Ihren Schmerz, öffnen. Man kann diese Gefühle nicht einfach mit der Sehnsucht hinwegfegen, sie müssen ebenfalls gewürdigt werden. Aber indem Sie sich Ihrer Sehnsucht öffnen, helfen Sie, die Werte, nach denen Sie sich sehnen, in die Welt zu bringen – und entdecken vielleicht, in welchem Maße Sie dies in Ihrem eigenen Leben bereits tun oder tun können.

Teil IV

Sehnsucht und Lebensthemen

Wünsche

Sage von irgendeiner Sache »Sie muss geschehen», und
tausend Kräfte rühren sich, sie zu vollbringen. Darum
ist Vorsicht im Wünschen geboten – der Wunsch
kann zu einem Fluche werden. Daher sei immer bereit,
zu empfangen von einer höheren Strömung,
die dich die wahren Werte erkennen lehrt – und
was du wünschen sollst!

PRENTICE MULFORD[54]

Wünsche sind konkretisierte Sehnsucht. Nicht immer wissen wir, warum wir wünschen, was wir wünschen. Wir kennen die Sehnsucht nicht, aus der heraus wir uns etwas Bestimmtes wünschen. Wie ein Kind deuten wir auf etwas und sagen: »Das will ich haben.« Und wie ein Kind schmollen wir und grämen uns, wenn wir es nicht bekommen. Wir schimpfen mit Gott und der Welt, wenn uns die Erfüllung unseres Wunsches verweigert wird.

Vielleicht ist Gott wie eine gute Mutter, die ihrem Kind manchmal das Schokoladeneis verweigert, wenn sie spürt, dass es ihm nicht gut tun würde, ihm aber andererseits jedes seiner echten Bedürfnisse erfüllt. Das ist eine schöne Idee, aber womöglich ist die Sache viel einfacher. Vielleicht ist Gott nicht die Mutter, die uns Wünsche erfüllt oder nicht, sondern ganz einfach die Kraft, Kreativität und Intelligenz, aus der wir hervorgegangen sind und die in uns weiterwirkt.

Dann würde die Frage, ob unsere Wünsche erfüllt werden oder nicht, nicht von Gott als einer äußeren Autorität abhängen, sondern nur davon, wie klar und eindeutig unser Wunsch ist und ob wir hundertprozentig dazu stehen oder ob es innere Hindernisse gibt, und davon, ob wir alles tun, was in unserer Kraft steht, um zu seiner Verwirklichung beizutragen, ohne diese Verwirklichung durch Ungeduld oder ständiges darüber Nachdenken zu verzögern.

Sehnsucht ist eine Bewegung, die vom Abstrakten zum Konkreten geht (und wieder zurück – das sind zwei der drei Arten von Sehnsucht, die ich in Teil II vorgestellt habe). Sie trachtet danach, aus einer abstrakten Qualität eine erlebbare Erfahrung zu machen. Wenn Sie herausfinden möchten, was Sie sich in Wirklichkeit wünschen, brauchen Sie sich nur zu fragen: Warum wünsche ich mir das? Was verspreche ich mir davon? Wie würde ich mich (meiner Vorstellung nach) fühlen, wenn ich das bekommen oder erreicht hätte, was ich mir wünsche? Auf diese Weise entdecken Sie die Sehnsucht hinter Ihrem Wunsch. Hinterfragen Sie Ihren Wunsch so lange, bis Sie herausgefunden haben, worum es Ihnen tatsächlich geht. Sobald Sie es gefunden und Ihr Herz für diese spezifische Sehnsucht geöffnet haben, werden Sie in der Lage sein, das Objekt oder Ziel Ihres Wunsches mit ein wenig mehr Losgelöstheit zu betrachten oder gar ganz loszulassen.

Nicht immer ist es möglich, einen konkreten Wunsch auf diese Weise in abstrakte Werte zu zerlegen. Manchmal bleibt es einfach beim Schokoladeneis. Nun, dann ist es eben das Schokoladeneis und wir werden tun, was wir können, um es zu bekommen.

Aus höherer Perspektive betrachtet geht es weniger um das Objekt unseres Wunsches, sondern vielmehr darum, dass die Sehnsucht nach diesem Objekt uns zwingt, bestimmte Fähigkeiten und Qualitäten zu mobilisieren, um es zu erlangen.

Sehnsucht, die treibende Kraft hinter unserem Wunsch, setzt uns in Bewegung und treibt uns unserem Ziel entgegen. Und am Ende des Lebens ist es vielleicht weniger interessant, dieses Ziel erreicht zu haben, als vielmehr festzustellen, in welchem Ausmaß unsere Bemühungen uns verändert haben – zumal wir, wenn wir sterben, nichts mitnehmen können als uns selber. Was am Ende eines Lebens gewonnen ist, sind Erkenntnisse, Fähigkeiten, Qualitäten und die Essenz unserer Erfahrungen. Alles andere müssen wir ohnehin zurücklassen.

Dennoch ist es tröstlich, von den Meistern und Weisen – und von der Logik des eigenen inneren Wissens – zu erfahren, dass jeder wahrhafte Herzenswunsch früher oder später, so oder so in Erfüllung geht.

Die schöpferische Kraft in uns ist ja die Sehnsucht selber. Aus ihr heraus formt sich das Bild unseres Wunsches; und wenn wir Sehnsucht und Wunsch auf die richtige Weise pflegen, indem wir alle Hindernisse aus dem Weg räumen, unser Herz öffnen und den Hinweisen unserer inneren Stimme folgen, kann der Wunsch gar nicht anders, als in Erfüllung zu gehen.

Wenn ich tief in mein Inneres schaue, weiß ich das, und wenn Sie tief in Ihr Inneres schauen, wissen Sie es auch. Und wenn Sie mir und sich nicht glauben, glauben Sie vielleicht dem weisen Prentice Mulford: »Wer still und unverrückbar in seinem Herzen an einem lebendigen Wunsche baut, entschlossen zu siegen, zieht aus dem unsichtbar Flutenden so sicher Hilfskräfte in sein Geisterschema, wie der Embryo planmäßig und unbewusst zugleich aus dem mütterlichen Blut unfehlbar alle Elemente an sich zieht, die er in jedem Stadium der Entwicklung gerade braucht … dem Wollenden ist der ganze Kosmos sozusagen die Placenta für seine Tat.«[55]

ÜBUNG: Die Wunschliste

Schreiben Sie alles auf, was Sie sich wünschen. Aktualisieren Sie die Liste von Zeit zu Zeit, indem Sie die Wünsche, die in Erfüllung gegangen oder entfallen sind, streichen, oder neue hinzufügen.

Tagträume

Wenn die Leute nur endlich einsehen lernten, dass Luftschlösser fertigbauen das solideste Realitätengeschäft ist und der Grund sie obendrein gar nichts kostet!

PRENTICE MULFORD [56]

Es gibt eine produktive und eine unproduktive Art der Tagträumerei. Wenn wir mit unserer Situation unzufrieden sind und uns aus der gegenwärtigen Realität hinwegsehnen, aber weder die Unzufriedenheit noch die Sehnsucht bewusst fühlen, sondern einfach mit ihnen identifiziert sind, malen wir uns häufig aus, wie die Dinge sein sollten, aber unsere Luftschlösser bleiben Spukschlösser und nähren eigentlich nur unsere Unzufriedenheit. Vielleicht verstärken wir diese zwecklose Tagträumerei noch zusätzlich dadurch, dass wir Romane lesen oder Filme anschauen, die uns in leuchtenden Farben eine Wunschrealität vorgaukeln, die der ähnelt, die in unserem Kopf spukt.

Statt uns um die Verwirklichung unserer Träume zu kümmern, nehmen wir Zuflucht zu diesen Phantasien und benutzen sie, um uns aus der unerfreulichen Realität wegzuträumen, und die schöpferische Kraft der Sehnsucht verpufft in sinnloser Tagträumerei.

Wenn wir unsere Unzufriedenheit mit der gegenwärtigen Situation und unsere Sehnsucht jedoch bewusst fühlen, können wir auf produktive Weise tagträumen. Dann können wir unsere Sehnsucht ganz bewusst imaginieren lassen, nicht um uns wegzufantasieren, sondern um aus dem Stoff der Sehnsucht eine mögliche Realität zu entwerfen und diese so stark mit der Kraft unseres Sehnens und der Konzentration unserer Aufmerksamkeit aufzuladen, dass sie schließlich nicht anders kann, als sich zu manifestieren.

Es sei denn, es gibt einen inneren Gegenspieler – eine entgegengesetzte Sehnsucht, die uns dazu treibt, sinnlos zu träumen und zu fantasieren, statt unseren Traum Wirklichkeit werden zu lassen. (Wenn dies der Fall ist, müssen Sie sich den betreffenden »Gegenspieler« bewusst machen, müssen herausfinden, wovor er Angst hat und wonach er sich sehnt, und Ihr Herz für diese Gefühle öffnen. Wie bereits erklärt, kann Ihr Herz entgegengesetzte Bestrebungen problemlos miteinander vereinbaren.) Niemals allerdings sollten wir etwas, das anderen gehört, in unsere Wunsch-Imagination einbeziehen – auch nicht andere Menschen. Sonst wenden wir die schöpferische Magie, über die unsere Sehnsucht verfügt, auf »schwarzmagische« Weise an, die uns Vorteil, anderen aber Schaden bringt. Auf diese Weise können wir nicht zu wahrem Glück gelangen, ganz einfach deshalb nicht, weil ein solches Vorgehen nicht der Wahrheit entspricht. Die Wahrheit ist, dass alles mit allem verbunden ist. Wenn ich dich beraube, missbrauche oder vergewaltige, schädige ich auch mich selber und nicht nur du leidest, sondern auch ich, weil mein Innerstes das fühlt.

Wenn Sie in schöpferischer Weise tagträumen möchten, dann fühlen Sie Ihre Sehnsucht, öffnen Sie Ihr Herz für sie und erlauben Sie ihr dann, sich nach Herzenslust in Bildern und Gedanken auszudrücken. Fassen Sie diese Bilder und Gedanken nicht als anzustrebende konkrete Realität auf, sondern als Ausdruck Ihrer Sehnsucht. Nutzen Sie sie, um Ihre Sehnsucht besser kennen lernen, verstehen und fühlen zu können. Sehen Sie sich inmitten dieser Bilder und lernen Sie das wunderbare Gefühl kennen, das die Erfüllung dieser Sehnsucht Ihnen verschafft. Es ist Ihres! Überlassen Sie es dann der Weisheit Ihres höheren Selbst, aus Ihren Wünschen eine konkrete Realität zu formen.

Sehnsucht und Gegenwart

Wenn du tagträumst, während du mit deiner Sehnsucht identifiziert bist, bist du nicht in der Gegenwart. Du bist in Gedanken in einer möglichen – oder unmöglichen – Zukunft. Wenn du deine Sehnsucht fühlst, bist du in der Gegenwart.

Das Geheimnis der Manifestation

Was du wünschst, musst du selber sein.
Hörst du?
Das ist das Geheimnis.
Was du wünschst, das sei.
Sei!
Und es wird.

SAFI NIDIAYE[57]

Wenn ich mich nach etwas sehne, richtet sich meine Sehnsucht auf ein konkretes Objekt oder eine konkrete Vorstellung und nimmt Gestalt an. Aus dieser geistigen Gestalt wird, wenn ich Glück habe, eine materielle Gestalt. Wenn ich Pech habe, bleibt sie ein Traum. (Je nach Fall können »Glück« und »Pech« hier auch ausgetauscht werden.) Woran liegt es, dass manche Wünsche in Erfüllung gehen und manche nicht? Oder, produktiver gefragt: Was kann ich tun, damit sich meine Wünsche erfüllen?

Nun, wir können die Sache aus der Perspektive der sterblichen Persönlichkeit oder aus der Sicht der unsterblichen Seele betrachten. Diverse Lehrer des »positiven Denkens« haben sie aus der Perspektive der sterblichen Persönlichkeit betrachtet. Da sieht sie so aus: Ich wünsche mir etwas; ich bestätige und bekräftige diesen Wunsch und sorge dafür, dass etwaige innere Hindernisse ausgeräumt werden; ich sehe mich am Ziel meiner Wünsche; ich bekräftige, dass ich somit, geistig betrachtet, schon am Ziel bin und es nur eine Frage der Zeit ist, bis sich dies in einer materiellen Realität niederschlägt. Wenn ich fleißig übe und sich keine bewussten oder unbewussten Hindernisse zwischen mich und die

Erfüllung meines Wunsches drängen, geht mein Wunsch, oft auf plötzliche, unvorhersehbare Weise, in Erfüllung.

Aus höherer Perspektive sieht die Sache ein wenig anders aus. Die Seele sehnt sich nach Manifestation. Sie möchte ihren Reichtum, ihre Schönheit, ihre Kreativität, ihre Intelligenz, ihre Macht manifestieren, um sie kennen zu lernen. (Ich weiß nicht, wie mächtig ich bin, bis ich meine Macht manifestiert, also praktisch angewandt habe.) Die Seele möchte keine Sache außerhalb ihrer selbst manifestieren, sondern sich selbst in dieser oder jener Eigenschaft. Alles, was sie erschafft, erschafft sie aus sich selbst, aus ihrer eigenen Substanz, wenn man das so nennen will. (Es ist ja sozusagen der Witz an der Seele, dass sie eben keine Substanz hat. Aber sie erschafft sich eine, aus ihrer Essenz, ihrer »Nicht-Substanz« heraus. Diese »Nicht-Substanz« entspricht vermutlich dem, was die Buddhisten »Leere« nennen.)

Nun möchte sie also, um ein Beispiel zu nehmen, ihren Reichtum realisieren. Wie macht sie das? Der Anfang ist die Entdeckung: »Ich bin reich.« Die Fortsetzung ist die Sehnsucht: »Diesen Reichtum möchte ich kennen lernen und betrachten.« Die Seele träumt, ihre Sehnsucht treibt Bilder aus sich heraus. Vielleicht kann man sich den Schöpfungsprozess als einen Prozess fortschreitender Verdichtung, sprich: Materialisation dieser Bilder vorstellen, bis sie das werden, was wir unter greifbarer Realität verstehen. Um diesen erschaffenen Reichtum nun auch als solchen betrachten und würdigen zu können, muss sich die Seele als jemand in diesen Reichtum hineinbegeben, der ihn wahrnimmt. Als Mensch. Im Menschen hat sie Augen zu sehen, einen Verstand, um zu erkennen, und ein Herz, um zu bewundern und zu lieben. Also zieht sie sich das Gewand einer menschlichen Gestalt an und macht sich daran, ihren Reichtum zu entdecken.

Wenn der Mensch – um wieder in unsere gewohnte Perspektive hineinzugleiten – nun einen Wunsch in sich verspürt, so ist dies Teil dieses Schöpfungs- und Selbstentdeckungsprozesses der Seele (in welcher Etappe sich dieser auch befindet, wenn der Mensch den Wunsch in sich entdeckt). Das setzt allerdings voraus, dass der Mensch seine wahren Wünsche kennt und sich nichts vorlügt. Die wahren Wünsche sind Bestandteil des seelischen Manifestationsprozesses, die unwahren nichts als ein Irrtum. Die uns eingeborene Schöpferkraft wirkt allerdings auch in diesen, sodass wir uns oft mit Resultaten konfrontiert sehen, die wir am liebsten rückgängig machen würden, weil sie so gar nicht dem entsprechen, was wir uns wirklich wünschen. So könnte sich ein Mann beispielsweise eine schöne, vollbusige, temperamentvolle Rothaarige zur Frau wünschen und diesen Wunsch ganz schnell wieder verfluchen, nachdem er sie gefunden und überstürzt geheiratet hat, denn nun muss er feststellen, dass sie ihm Tag und Nacht auf die Nerven geht.

Immerhin hat die Seele in diesem Beispiel die schöpferische Macht ihrer Wünsche kennen gelernt, was vielleicht der Zweck der Übung war. Wäre sich unser Mann jedoch seiner wahren Wünsche bewusst gewesen, hätte er seine »Wunschkraft« wahrscheinlich sinnvoller oder jedenfalls gewinnbringender einsetzen können. Er hätte sich fragen können: »Warum wünsche ich mir, was ich mir wünsche? Wonach sehne ich mich wirklich?« Und hätte für diese seine Sehnsucht sein Herz öffnen können. Das hätte ihm die kostspielige Scheidung und der Frau viel Leid erspart.

Zurück zum Selbstverwirklichungsprogramm der Seele. Die Seele träumt also, was sie alles sein könnte, und gestaltet ihre Träume zu einer Art von Realität, die sie erleben und betrachten kann, einerseits und zu jemandem, der sie erleben und betrachten kann, andererseits. Mit all unseren Sehnsüchten und Wünschen nehmen wir an diesem seelischen Selbstverwirklichungsprozess teil und sind ein Teil davon. Überhaupt etwas zu wünschen und zu beobachten, wie dieser Wunsch in Erfüllung geht, oder zu lernen, was man tun muss, damit er sich erfüllt, ist Teil dieses Prozesses der Selbstentdeckung.

Die schöpferische Macht der Seele ist ungeheuerlich. Ihr sind keine Grenzen gesetzt. Sie kann alles erschaffen, was sie will, weil es nichts außerhalb der Seele gibt und weil alles, was nur möglich ist, als Potenzial in ihr enthalten ist. Wenn wir ganz auf einer Linie mit unserer Seele sind, ist unsere schöpferische Macht ebenfalls unbegrenzt, denn die Seele ist nicht jemand anders als wir selbst, sondern ein Teil von uns und wir von ihr. Sie ist unser innerstes Wesen.

Ganz auf einer Linie mit unserer Seele sind wir dann, wenn wir uns unserer Wahrheit bewusst sind und diese leben. Wenn wir die wahre Sehnsucht hinter unseren Wünschen kennen. Wenn wir die Angst kennen, die uns daran hindert, unsere Sehnsucht zu leben. Wenn wir den Schmerz kennen, auf den sich diese Angst bezieht. Wenn wir all diesen Gefühlen unser Herz geöffnet haben. Dann ist die ganz persönliche, private Sehnsucht, die wir in uns verspüren, eine schnurgerade Verlängerung der Sehnsucht unserer Seele, die gar nicht anders kann, als ihr Ziel zu erreichen – weil sie es erschafft.

Die Seele ist bereits, wonach sie sich sehnt. Es ist in seiner Essenz bereits vorhanden, und nun möchte es werden, sich in greifbare Realität entfalten.

Das ist das Geheimnis, das in dem diesem Kapitel vorangestellten Spruch zum Ausdruck kommt. Indem wir uns auf die Ebene der Seele begeben, in unseren innersten Wesenskern, können wir entdecken, dass das, was wir ersehnen, in seiner Essenz bereits in uns existiert. Wir sind es bereits.

Indem wir entdecken, dass wir es sind, machen wir es uns bewusst. Indem wir es uns bewusst machen, fühlen wir es. Indem wir es fühlen, beginnt es Gestalt anzunehmen. Das ist das Geheimnis der Manifestation.

Bestimmung

Es ist eine Sehnsucht ..., die nie aufhören wird uns zu rufen ... Es ist die Stimme unserer ewigen Sehnsucht, und sie macht uns zu unermüdlichen Pilgern auf Erden. Es ist etwas in uns, das nichts und niemand zu stillen vermag. Wenn wir mit dieser Sehnsucht Freundschaft schließen, wird sie uns helfen, uns daran zu erinnern, warum wir hier auf der Erde sind.

JOHN O'DONOHUE[58]

Leben wir in Einklang mit unserer Sehnsucht, so fühlen wir uns beseelt, beschwingt und haben den Eindruck, dass unser Leben sinnvoll ist. Immerhin sind wir auf dem Weg zu dem Ziel, das unser Herzenswunsch ist, und haben das Gefühl, dass es sich lohnt, für dieses Ziel zu leben. »I'm on my way, Lord, I'm on my way! I'm on my way to the promised land ...[59]«, singt Porgy am Ende der Oper »Porgy und Bess«, als er in seinem Rollstuhl die Reise aus seinem Südstaaten-Dorf nach New York antritt, um die Frau zurückzuerobern, die ihm mit einem anderen davongelaufen ist. Jeder Zuschauer weiß, dass seine Aussichten, ans Ziel seiner Wünsche zu gelangen, äußerst gering sind, aber Porgy singt voller Kraft und Freude, weil er auf seinem Weg ist.

Wenn wir »unserer Sehnsucht leben«, sind wir im Einklang mit dem, was man unter Bestimmung versteht. Ich treffe oft Menschen, die meinen, ihre Bestimmung nicht gefunden zu haben, weil sie in einem Beruf arbeiten, der nicht das Hehre an sich hat, was sie sich unter einer Bestimmung vorstellen. Sie sind vielleicht Kellner oder Sekretärinnen, Kaufleute oder Arbeiter und glauben, dass nur jemand, der Arzt oder Heiler, Dichter oder Revolutionär, Friedensstifter oder Gefängnisprediger ist, eine »Bestimmung« hat. Viele von ihnen suchen in Wirklichkeit nicht ihre Bestimmung, sondern einen Beruf, in dem sie sich vielleicht wertvoller fühlen könnten. Hier geht es nicht um Bestimmung, sondern um Selbstwertgefühl, und das hängt nicht von dem Beruf ab, den wir ausüben, sondern von unserer psychischen Verfassung. Gehen Sie in Frankreich ins Restaurant und Sie werden Kellner und Kellnerinnen vorfinden, die in ihrer Selbstachtung dem zahlenden Gast, den sie bedienen, in nichts nachstehen. Wenn Sie die Frage plagt, ob Ihr Beruf Ihrer Bestimmung entspricht, sollten Sie sich deshalb vielleicht zuerst fragen, ob es Ihnen tatsächlich um Ihre Bestimmung geht oder vielmehr darum, sich wertvoller fühlen zu können. Sollte dies der Fall sein, können Sie das Gefühl von Wertlosigkeit (oder wie immer Sie es innerlich nennen) ganz einfach bewusst kennen lernen, statt weiter unbewusst damit identifiziert zu sein. Untersuchen Sie, wie es sich anfühlt. Entdecken Sie, dass es keine Tatsache ist, sondern ein Gefühl. Öffnen Sie Ihr Herz für dieses Gefühl und für Ihre Sehnsucht danach, wertvoll zu sein und als wertvoll gesehen zu werden. Dann können Sie ganz bewusst für Ihre Sehnsucht nach mehr Wert sorgen und gleichzeitig das Thema Ihrer »Bestimmung« von dieser psychologischen Bürde befreien.

Ihre Bestimmung ist das, was Ihrer Seele Freude macht. Sie muss sich nicht unbedingt in einer beruflichen Tätigkeit niederschlagen. Es kann meine Bestimmung sein zu tanzen, ohne dass ich deshalb Berufstänzerin sein muss. Ich kann zu Hause tanzen, ich kann auf der Straße und in der Diskothek tanzen, ich kann aber auch das Leben wie einen Tanz leben. Die Art, wie ich mich durchs Leben bewege, kann mein Tanz sein; die Art, wie ich am »kosmischen Tanz«[60] teilnehme, kann mein Tanz sein, oder die Art, wie ich anderen Menschen begegne und meine Beziehungen lebe. Selbst mein

Gebet kann Tanz sein, wenn Tanzen meine Freude und meine Bestimmung ist. Vielleicht ist es Ihr größter Herzenswunsch zu dienen. Aber deshalb müssen Sie nicht Kammerdiener werden (doch, gibt es noch!) und Ihren »Dienst am Nächsten« auch nicht unbedingt als Seelsorger oder Krankenpfleger verrichten oder im spirituellen Sinne als Mitglied eines Ashrams oder Ordens oder als Guru oder Heiler. Wenn Dienen tatsächlich das ist, worum es Ihnen im Leben geht, können Sie gleich dort, wo Sie gerade sind, damit anfangen. Sie dienen der Sauberkeit, Ihren Mitmenschen, den Tellern und sich selbst, indem Sie Ihr Geschirr sorgfältig abwaschen. Sie dienen der Erde, dem Wasser und Ihrer eigenen Gesundheit, indem Sie es mit einem natürlichen oder umweltfreundlichen Spülmittel reinigen. Sie dienen dem Menschen, mit dem Sie gerade sprechen, indem Sie ihm aufmerksam zuhören und ihm eine aufrichtige Antwort geben. Sie dienen Gott, indem Sie auf Ihre innere Stimme hören und das tun, was Ihrem Herzen Freude macht. Dort, wo die größte Sehnsucht liegt, findet man die Bestimmung. Wenn man auf dem Weg seiner Bestimmung ist, empfindet man Zufriedenheit, auch wenn das Ziel noch nicht erreicht ist oder womöglich nie erreicht wird.

Und umgekehrt: Wenn man nicht auf dem Weg seiner Bestimmung ist, weil man ihn nicht kennt, weil man nicht auf sein Herz hört, weil man ihn fürchtet, aufgegeben oder vergessen hat, ist man unzufrieden, unerfüllt und stets auf der Suche nach etwas Unbestimmtem. Aus einer solchen Suche wird Sucht.

Ablenkung und Sucht

Wir leben nicht vom Brot allein, wir brauchen Wein – etwas, das uns wirklich wertvoll ist, das uns »antörnt«, das uns Pfeffer gibt und unsere ganze Energie elektrisiert.

PIR VILAYAT KHAN[61]

Sucht besteht aus zwei Komponenten. Die eine ist Ablenkung, die andere Suche. Wir möchten uns ablenken von dem, was uns Unbehagen bereitet, von unserer Unzufriedenheit mit uns selber, weil wir nicht auf dem Weg unserer Bestimmung sind, und von unserer Unzufriedenheit mit dem Leben, weil es uns die Erfüllung verweigert. Oder wir möchten uns von uns selber ablenken, weil wir uns selber als Quelle des Unbehagens betrachten. Fernsehen, Alkohol und andere Rauschdrogen, aber auch Einkaufen, Essen, Telefonieren, Reden, Sex, Pornografie, im Internet surfen, spielen, arbeiten, Sport treiben, eigentlich fast jede Beschäftigung und jeder Konsum außer vielleicht Wassertrinken kann zur Sucht werden. Die Werbung nutzt das und zeigt uns immer neue Möglichkeiten, uns vermittels Dingen, die Geld kosten, abzulenken. Aber Sie kennen das: Je mehr man sich ablenkt, desto größer wird das Unbehagen und desto mehr muss man sich ablenken. So entsteht Sucht.

Die andere Komponente ist die Suche. In unserem Suchtmittel suchen wir etwas. Wir erhoffen uns davon einen bestimmten inneren Zustand, etwa Freiheit von Verantwortung und Sorgen (z. B. durch Alkohol), innere Ruhe oder Gelassenheit (z. B. durch Marihuana); das Gefühl von Größe, Potenz und Inspiration (z. B. durch Kokain); Reiz und Anregung (durch Kaffee und evtl. Zigaretten) oder das Gefühl, alles bekommen zu können (Kaufsucht), oder schön, sprich: geliebt zu sein (Kleiderkaufsucht), oder Befriedigung, Erfüllung oder Nähe (Essen, Zigaretten, Sex), oder ganz einfach das Gefühl, berauscht zu sein (Rauschdrogen allgemein, Alkohol, Marathontanz, Sport); das Gefühl, am Leben teilnehmen zu können, ohne selber etwas tun zu müssen – die Geborgenheit des Kleinkindes (Fernsehen, Lesen); das Gefühl von Macht oder Sicherheit (Geld, Besitz), und so weiter und so fort.

Sucht besteht also genau genommen aus zwei verschiedenen Arten von Sehnsucht, die nicht gelebt werden. Das eine ist die Sehnsucht der Seele nach Verwirklichung (das, was ich Bestimmung genannt habe), die darunter leidet, nicht wahrgenommen und gelebt zu werden. Das andere ist die psychologische Sehnsucht, die ebenfalls nicht wahrgenommen wird und uns wie jedes unterdrückte Gefühl insgeheim beherrscht.

Die Lösung besteht nicht darin, die Sucht gewaltsam zu unterdrücken. Jeder weiß, dass man dann dennoch süchtig bleibt, auch wenn man »trocken« oder »sauber« ist. Die Lösung besteht darin, die Sucht genau anzuschauen und ihr sozusagen auf den Grund zu gehen. »Sucht« ist eine Idee. Was steckt wirklich dahinter? Finden Sie die nicht gelebte Sehnsucht, Ihrer Bestimmung zu folgen, und befreien Sie sie von der Unterdrückung, indem Sie Ihr Herz für sie öffnen. Vielleicht haben Sie keine Ahnung, was Ihre Bestimmung sein könnte. Aber Sie können Ihrer Fantasie freien Lauf lassen und sich ein Leben vorstellen, in dem Sie sich glücklich und erfüllt fühlen würden und das Gefühl hätten, ganz und gar »im richtigen Film« zu sein. Wenn Sie Ihre Wunschvorstellung dann untersuchen, werden Sie die Sehnsucht entdecken, aus der heraus sie entstanden ist. Befreien Sie diese Sehnsucht! Auch wenn es hundertmal unmöglich erscheint, dass sie sich jemals erfüllt, existiert sie in Ihnen und möchte, genau wie jedes andere Ihrer Gefühle, wahrgenommen und in Ihr Herz aufgenommen werden. Was braucht sie von Ihnen? Gehen Sie die Liste der Herzensschlüssel solange durch, bis Sie den richtigen gefunden haben.

Lernen Sie ferner alle Gefühle kennen, die mit diesem Thema zusammenhängen: Unzufriedenheit, Frustration, möglicherweise Wut, Enttäuschung, Selbstverachtung, Selbstzweifel; den Schmerz der Wertlosigkeit, des Versagens oder was sonst unter diesen Emotionen liegt. Öffnen Sie Ihr Herz für all diese Gefühle.

Finden Sie auch die andere Sehnsucht (vielleicht ist es sogar leichter, mit dieser zu beginnen); die Sehnsucht, die sich in der Wahl Ihres Suchtmittels zum Ausdruck bringt; die Sehnsucht nach dem bestimmten Zustand, den dieses Mittel Ihnen verschafft. Anstatt sich einfach von ihr beherrschen zu lassen, fühlen Sie sie bewusst und prüfen, was sie von Ihrem Herzen braucht. Wenn Sie diesen Schritt getan haben, werden Sie merken, dass sich die Sucht zu lockern beginnt.

Vor einiger Zeit holte mich die Zigaretten-Rauchsucht plötzlich wieder ein. Ich hatte das Rauchen viele Jahre lang so weit reduziert, dass ich meist gar nicht, manchmal – phasenweise – eine oder zwei Zigaretten am Tag rauchte – Öko-Zigaretten selbstverständlich. Andere, »normale« mochte ich schon seit langem nicht mehr. Nun war ich verreist, einen Monat lang fern der Heimat und mit Leuten zusammen, die viel rauchten. Und plötzlich rauchte ich mit, und zwar nicht zwei, sondern zwanzig Zigaretten am Tag, »normale« wohlgemerkt, denn dort gab es keine Öko-Zigaretten. Ich konnte nicht anders, ich musste alle Naslang zur Zigarette greifen. Nach zwei Wochen fühlte ich mich durch und durch vergiftet, hatte Magenschmerzen, hustete und fühlte mich elend, weil ich mir das antat. Ich beschloss, der Sache auf den Grund zu gehen. Sobald sich das Verlangen zu rauchen wieder zeigte, zog ich mich zurück und schaute es mir an. Als erstes tauchte das Gefühl auf, es nicht aushalten zu können. Ich machte mir klar, dass dies keine Tatsache war, sondern nur ein Gedanke und ein Gefühl, und konzentrierte mich darauf, »nicht aushalten können« bewusst wahrzunehmen. Indem ich genau untersuchte, wie es sich anfühlte, löste ich mich aus der Identifikation mit der Idee, es tatsächlich nicht aushalten zu können. Dann fragte ich mich, was es denn war, das ich nicht aushalten konnte. »Mir fehlt etwas«, jammerte eine Stimme in meinem Innern. Ich lenkte meine Aufmerksamkeit auf dieses »Fehlen« und beobachtete, wie es sich anfühlte. Es fühlte sich wie ein riesengroßer Hunger an, ein Loch oder eine Leere, und war gekoppelt an den Gedanken, unstillbar zu sein. Unstillbarer Hunger. Ich öffnete mein Herz für dieses Gefühl und für die Sehnsucht, die dahinter steckte (nämlich das zu bekommen, was mir fehlte), und fühlte, dass dieser Schritt eine große Veränderung mit sich brachte. (Im Kapitel »Wie wir unsere Sehnsucht begraben« weiter vorn in diesem Buch habe ich die Geschichte dieses Gefühls ausführlicher erzählt.) In den nächsten Tagen übte ich, das Gefühl des »Fehlens« bewusst wahrzunehmen, vor allem in den Augenblicken, da ich zur Zigarette greifen wollte. Die ins Herz geholte Sehnsucht war dabei ständig im Hintergrund meines Bewusstseins. Ich verbot mir das Rauchen nicht, sondern beobachtete, was geschah. Ich rauchte deutlich weniger. Einige Tage später beschloss ich, ganz aufzuhören. Zwei Tage lang befand ich mich in einer Krise. Das Verlangen zu rauchen war fast ununterbrochen da, vor allem abends vor dem Schlafengehen (ich mochte den Tag noch nicht abschließen, weil mir etwas fehlte). Ich merkte, dass ich genau dieses »Fehlen« immer mit dem Rauchen zugedeckt hatte. Nun ließ ich das Gefühl des Fehlens da sein, statt es wegzurauchen. Das war nicht leicht, aber ich sagte mir immer wieder: »Es ist ein Gefühl. Ich kann es einfach wahrnehmen.« Nach zwei Tagen war das Verlangen zu rauchen völlig verschwunden. Etwas später hatte ich Gelegenheit zu testen, ob ich es tatsächlich losgeworden war. Ich traf mich mit zwei Freundinnen, um etwas zu feiern, und da ich wusste, dass die beiden rauchten und ich mich davon immer anstecken ließ, kaufte ich mir vorsichtshalber Öko-Zigaretten, damit ich dann wenigstens keine anderen rauchen musste. Ich gab mir ausdrücklich die Erlaubnis, an diesem einen hohen Feiertag ausnahmsweise zu rauchen. Als die beiden anfingen zu rauchen, steckte auch ich mir eine Zigarette an, aber ich hatte nicht die geringste Lust sie zu rauchen. Doch da ich es mir zur Feier des Tages nun einmal vorgenommen hatte, hielt ich sie mit leisem Bedauern weiter in der Hand, bis ich es nach einer Weile aufgab und sie ausdrückte.

Ernesto, ein Freund von mir, wollte von seiner Alkoholsucht loskommen. Mithilfe der körperzentrierten Herzensarbeit untersuchte er, was dahinter steckte, und entdeckte einen Konflikt zwischen zwei inneren Parteien: einem Teil, der gesund und froh sein wollte, und einem, der alles liebte, was krank und süchtig macht. Dieser litt an einem Gefühl von Aussichtslosigkeit, das nicht auszuhalten war und »weggetrunken« werden musste. Als Ernesto sich durch die verschiedenen Gefühlsschichten hindurchgearbeitet hatte, entdeckte er, dass beiden Teilen letztlich eine Sehnsucht gemeinsam war: die Sehnsucht, einfach nur leben zu dürfen (statt Verantwortung tragen zu müssen). Diese Sehnsucht hatte er nie ernst genommen und immer an den Rand seines Bewusstseins geschoben, weil er meinte, dass es kein Entrinnen vor der Verantwortung gab, denn schließlich war er ja kein Kind mehr. Wozu sich also sehnen? Lieber ertränkte er Verantwortung, Pflicht, Sorgen und die Aussichtslosigkeit, ihnen jemals entrinnen zu können, im Alkohol, was ihm half, sich unbeschwert und fröhlich zu fühlen – bis zum nächsten Morgen, wenn der Blick in den Spiegel ihn schockartig ernüchterte.

Mit meiner Hilfe öffnete Ernesto sein Herz für seine Sehnsucht, unbeschwert »einfach nur leben« zu dürfen. Ich erklärte ihm: Ganz gleich, was der Verstand dazu sagte, die Sehnsucht war da. Sie war sein wahres Gefühl und brauchte Anerkennung von seinem Herzen. Vor allem musste er sie vom Siegel der Unmöglichkeit befreien. Der erlösende Herzensschlüssel war »für möglich gehalten werden«. Zwei Tage später hörte Ernesto auf zu trinken.

Manchmal gebrauchen wir ein Suchtmittel, zum Beispiel Zigaretten, um uns konstant auf einem niedrigen Energieniveau zu halten (Rauchen verbraucht viel Lebensenergie). Warum sollte man so etwas Unsinniges tun, werden Sie vielleicht fragen. Aber aus der Sicht einer bestimmten inneren »Partei« kann eine solche Maßnahme durchaus sinnvoll sein, dann nämlich, wenn wir uns in Lebensumständen befinden, in denen wir es für unmöglich halten, unserer Sehnsucht gerecht zu werden, in Lebensumständen, in denen sich die Seele stark beengt fühlt, weil sie sich nicht ihrer Sehnsucht gemäß entfalten kann. Manche Sehnsucht, beispielsweise die nach Freiheit und Abenteuer, wird unter der warmen Schmusedecke der Zweisamkeit erstickt, manche in einem langweiligen Job, den wir nicht aufgeben möchten, weil er so sicher ist, und so fort. Wenn wir dies zulassen, sind wir in einer Situation gefangen, in der wir nur einen Bruchteil unseres Potenzials und unserer Energie ausleben können. Wir haben mehr Energie, als wir in diesen beengten Lebensumständen gebrauchen können, und um nicht verrückt zu werden, lassen wir den Energieüberschuss von Tabak, Alkohol oder dergleichen aufzehren. (Statt Freiheit und Abenteuer zu suchen, sitzen wir auf dem Sofa und rauchen – wie eine bestimmte Zigarettenwerbung ganz richtig erfasst hat.) Mit der durch die Suchtdroge verringerten Energie lässt es sich in dem reduzierten Zustand, in dem wir uns befinden, wenn wir unsere Sehnsucht nicht ausleben, sondern uns mit einem Scheibchen Leben zufrieden geben, ganz gut aushalten.

Der Irrtum liegt darin zu glauben, es sei unmöglich, in einer bestimmten Lebenssituation eine Sehnsucht zu leben, die nicht zu ihr zu passen scheint. Aber das ist nur eine Idee! Man denkt so und möglicherweise ist man mit diesem Gedanken identifiziert, aber deshalb ist es noch lange nicht die Wahrheit. Deshalb können Sie, wenn Sie sich in einer solchen Situation befinden, als erstes feststellen: »Aha. Offenbar denke ich, dass sich meine Sehnsucht nach Freiheit und Abenteuer nicht mit meiner Arbeit/meiner Beziehung/der Pflicht, sich um meine Kinder oder meine alten Eltern zu kümmern/etc. übereinstimmt und ich sie deshalb ganz oder zumindest weit zurückstellen muss.« Wie fühlen Sie sich, wenn Sie so denken? Nicht gut, nicht wahr? Traurig wahrscheinlich, deprimiert, resigniert oder frustriert … Vielleicht ist es auf den ersten Blick nicht einmal so dramatisch, man fühlt sich einfach »low-key«: niedrig gestimmt. Wenn man vergessen hat, wie es ist, hoch gestimmt zu sein, erscheint einem das nicht so schlimm.

Doch Sehnsucht ist Sehnsucht, ob wir sie bemerken oder nicht, ob wir sie verdrängen oder hochhalten: Unsere Sehnsucht ist unser eigentliches Gefühl. Sie lässt sich nicht töten. Wir können unseren Körper töten, aber unsere Sehnsucht wird immer noch vorhanden sein. Tatsache ist ferner, dass man in jeder, wie auch immer gearteten, Lebenssituation nur davon profitieren kann, wenn man seine Sehnsucht befreit. Wir können nicht wirklich glücklich sein in einer Beziehung, in der wir die Hälfte unserer Sehnsucht nicht leben. Und wenn wir nicht glücklich sind, kann unser Partner es auch nicht sein. Auch unsere Kinder leiden, wenn wir leiden, weil wir unsere Sehnsucht unterdrücken, selbst wenn wir dies vermeintlich ihnen zuliebe tun. Wenn Sie sich nach Freiheit und Abenteuer sehnen, um beim Beispiel zu bleiben, und diese Sehnsucht in Ihrer Lebenssituation keinen Raum zu haben scheint, weil Sie einen Ehepartner und drei kleine Kinder haben, können Sie trotzdem Ihr Herz für Ihre Sehnsucht öffnen. Sie werden sich danach wesentlich lebendiger und glücklicher fühlen, selbst wenn es zunächst nur ein innerer Akt war. Die Sehnsucht wird sich dann ihren Weg zur Erfüllung bahnen, möglicherweise einen, der mit Ihrer Beziehung, Ihrem Job und Ihren sonstigen Pflichten kompatibel ist. Ich kannte beispielsweise einen Bankangestellten, der in seinem Job kein besonders kreatives und erfüllendes Leben führte, sich aber nach Freiheit und Abenteuer sehnte. Er verlängerte seinen Jahresurlaub jeweils durch so viel unbezahlten Urlaub, wie er sich leisten konnte, und verbrachte jedes Jahr drei Monate am Stück auf anderen Kontinenten.

Bei Sucht ist immer ein Gefühl im Spiel, das man nicht aushalten kann. Im letztgenannten Beispiel war es das Gefühl, das man hat, wenn man über viel Energie verfügt und keine Verwendung dafür hat: Unzufriedenheit. Unruhe. Ungeduld. Weil man dieses Gefühl nicht aushalten kann, greift man zum Suchtmittel. Beobachten Sie einmal, was in dem Augenblick geschieht, da die Sucht Sie übermannt. Was ist es, das Sie nicht aushalten können? Welches wäre das ganz schlimme Gefühl, das sich in Ihnen breitmachen würde, wenn Sie jetzt auf Ihr Suchtmittel verzichten müssten? Als erstes taucht wahrscheinlich so etwas auf wie der Gedanke oder der Eindruck, es nicht aushalten zu können. »Nicht aushalten können« ist auch ein Gefühlszustand. Wie jedes andere Gefühl kann man ihn bewusst wahrnehmen und prüfen, was er vom Herzen braucht. Danach kann man sich das Gefühl anschauen, das man nicht aushalten kann, und sein Herz auch dafür öffnen. Meiner Erfahrung nach ist man, wenn man das geschafft hat, bereits einen riesengroßen Schritt weiter. Das befreit nicht automatisch vollständig von der Sucht, aber es verringert diese. Wichtig ist, dass man sich für das nächste Mal vornimmt, auf dieses Gefühl zu achten und es erst einmal bewusst wahrzunehmen, bevor man seiner Sucht (eventuell) wieder nachgeht.

Doch auch wenn alle Gefühle bewusstgemacht und ins Herz geholt wurden, ist es nicht leicht, sich von einer Sucht zu befreien. Die Sucht selber kann sehr mächtig sein. Also muss möglicherweise auch »Sucht« als Gefühlszustand bewusst wahrgenommen werden und vom Herzen Anerkennung, Achtung, Erlaubnis, Mitgefühl bekommen oder was immer sie braucht. Das Ganze wird durch die Tatsache erschwert, dass Sucht auch ein kollektives Phänomen ist, jedenfalls in unserer Gesellschaft. In vielen Fällen kommt noch hinzu, dass Suchtkranke durch ein geheimnisvolles Gesetz geistiger Resonanz nicht nur ihre eigene Sucht ausleben, sondern oft auch noch die Sucht anderer, beispielsweise verstorbener Vorfahren, die das gleiche Problem hatten. Wenn man seiner Sucht einfach nur frönt und sich tief hineintreiben lässt, verbindet man sich mit einem ganzen Ozean süchtiger Wesen. Das hat auch einen Vorteil, nämlich den, dass die Sucht und ihre Folgen so katastrophal werden, dass man eines Tages nicht mehr anders kann als festzustellen, dass man ein Problem hat und Hilfe braucht (während man sich, wenn es noch nicht so schlimm ist, gern einredet, man habe die Sache im Griff). Andererseits macht es das Aufhören noch schwerer, weil der eigene Wunsch nach Befreiung möglicherweise von der fremden Sucht, mit der man irgendwie in Resonanz gekommen ist, erstickt wird.

Auch hier kann die Befreiung der Sehnsucht der rettende Akt sein. Sobald man die Sehnsucht in sich verspürt, sollte man ihr augenblicklich Raum und Aufmerksamkeit geben und sie in einen Wunsch, eine Bitte, ein Gebet oder einen Hilferuf verwandeln. Auf diese Weise mobilisiert man die Kraft dieser Sehnsucht im eigenen Innern und zieht außerdem die Menschen und Umstände an, die einem aus der Sucht heraushelfen können. (Siehe hierzu auch das Kapitel »Kapitulation«.)

Einfach mit der Ablenkung (zum Beispiel durch Suchtmittel) aufzuhören, reicht in den meisten Fällen nicht aus, denn dann erscheint einem das Leben zunächst fade, sinnlos, langweilig oder unerträglich. Anstatt mit diesen Gedanken identifiziert zu sein, kann man die entsprechenden Gefühle (Langeweile, Sinnlosigkeit) natürlich bewusst wahrnehmen und ihnen sein Herz öffnen. Und nicht nur die negativen Gefühle, die sowohl mit der Sucht als auch mit der Entwöhnung einhergehen, müssen bewusst wahrgenommen werden. Auch die positiven Gefühle, die einem die Droge zumindest gelegentlich verschafft hat, müssen bewusst gewürdigt werden. Das kann man tun, indem man aus dem, was man erlebt, während man seiner Sucht nachgeht, sozusagen die geistige Essenz des positiven Erlebens herausdestilliert und diesem positiven Gefühl ganz bewusst sein Herz öffnet.

All das reicht jedoch in vielen Fällen noch nicht aus, um wirklich von einer Sucht kuriert zu werden. Der Ersatz muss durch das Wahre ersetzt werden. Man muss anfangen, seiner Bestimmung zu folgen und sein Leben wenigstens einer Sehnsucht zu widmen, die man in sich entdecken kann (auf welche Art auch immer und sei es in noch so kleinen Schritten), damit wieder Glanz, Freude und das Gefühl von Sinn ins Leben kommt. Dann fällt nicht nur nach und nach die Notwendigkeit weg sich abzulenken, sondern man empfindet die Ablenkung mit der Zeit auch als unsinnig und unerwünscht, weil man, wenn man das tut, woran einem wirklich gelegen ist, keine Lust mehr hat, seine Lebenszeit an sinnlosen Blödsinn zu verschwenden.

Eine letzte Bemerkung zum Thema Drogen: Alle Dinge, die wir als Suchtdrogen missbrauchen, bringen auch Nutzen. Zerstörerisch ist meist nicht die Droge (wenn man einmal von harten, vor allem chemischen Rauschdrogen absieht), sondern die Sucht nach ihr. Manchmal kann es gut sein, andere Perspektiven kennen zu lernen: sich einen

Rausch anzutrinken, um über seine Hemmungen und Grenzen hinwegkommen; all sein vorhandenes oder verfügbares Geld für neue Kleider auszugeben; alles falsch zu machen, sich gehen zu lassen, in einen Sumpf zu fallen und so richtig am Ende zu sein. Aus jeder dieser Erfahrungen kann man verändert und erneuert hervorkommen, wenn man nicht darin untergeht oder sich in Selbstmitleid oder Schuldgefühlen verliert. Wer sagt, dass wir hier sind, um uns brav an die Grenzen der Konvention zu halten? Wer sagt, dass dies der Seele Nutzen bringt?

Kapitulation

Mache den Weg frei für Mich.
Gib das Kämpfen auf. Leg die Waffen zur Seite.
Lass das Wollen weg.
Nichts wolle!
Sei.

SAFI NIDIAYE [62]

Manchmal ist Kapitulation ein wichtiger Schritt, um der Lösung einer Problematik näher zu kommen. Bevor sich die Sehnsucht von neuem in uns erheben und ihre schöpferische Kraft entfalten kann, müssen wir gründlich kapitulieren. Ähnlich wie die Anonymen Alkoholiker es postulieren: Wir müssen erkennen, dass wir ein Problem haben; dass wir nicht in der Lage sind, uns selber an den Haaren aus dem Sumpf zu ziehen; dass wir Hilfe brauchen. Wir müssen die Waffen strecken und unsere Ohnmacht und Verzweiflung zulassen.

Kapitulation ist eine wichtige Erfahrung, weil sie uns aus unserer Selbstherrlichkeit herausholt, uns die Grenze unserer persönlichen Macht zeigt und uns dazu bringt, sie zu akzeptieren. Dadurch öffnen wir uns dem Wirken einer höheren Macht – einer Macht, die jenseits des bewussten Ich liegt; einer Intelligenz, die unsere eigene überschreitet und Möglichkeiten erschafft, an die wir im Traum nicht gedacht hätten.

Solange wir noch mit den Mitteln unseres eigenen Verstandes und mit unserer eigenen Macht versuchen, das Problem zu lösen, bewegen wir uns im Kreis, immer tiefer in die Problematik hinein. Erst wenn wir diese Versuche völlig aufgeben und kapitulieren, öffnen wir uns der Idee, dass es etwas gibt, das über unser persönliches Ich hinausgeht. Vorher haben wir die Hand, die sich uns helfend entgegenstreckte, gar nicht gesehen. Jetzt können wir nicht mehr anders als sie ergreifen.

In der dunklen Nacht der völligen Kapitulation liefern wir uns den höheren Mächten aus. Uns bleibt gar nichts anderes mehr übrig.

Genau in dem Augenblick, in dem wir völlig aufgeben und tatsächlich kapitulieren, hören wir auf, uns gegen unseren Schmerz, unsere Hilflosigkeit und die Unmöglichkeit unserer Situation zu wehren. Wir geben alle Versuche auf, aus unserer Situation herauszukommen. Diese Kapitulation ist etwas anderes als ein Sichgehenlassen oder ein passives Dahinschwinden in Ohnmacht oder Resignation. Sie ist ein innerer Akt der Kraft.

Eine Sehnsucht, die größer ist als die unsere und die von jenseits unseres persönlichen Ich stammt, tritt dann plötzlich in Kraft und hebt uns auf eine neue Stufe empor. Es ist die Sehnsucht unseres Schöpfers, die Sehnsucht der Mächte, die über uns wachen und ein Interesse daran haben, dass aus uns etwas wird, dass wir uns entfalten, verwirklichen und schließlich zu dem erwachen, was wir sind. Es ist die göttliche Sehnsucht, aus der wir hervorgegangen sind.

Diese Sehnsucht ist immer in uns am Werk, in allem, was wir wünschen, und in allem, was das Leben von uns verlangt. Das Universum sehnt sich danach, sich in uns zu einzigartiger Individualität zu entfalten. Es liefert uns die Nahrung für unser Wachstum. Es greift uns unter die Arme, wenn wir es zulassen. Und nie lassen wir es mehr zu als im Augenblick unserer totalen Kapitulation. Wenn wir anerkennen, dass wir es nicht aus eigener Kraft schaffen, dass all unsere Mittel versagt haben, dass unser Verstand keine Lösung mehr weiß.

Kapitulieren bedeutet, sich dem Leben anzuvertrauen, anstatt ständig zu versuchen, es zu bekämpfen. Es bedeutet, sich der Sehnsucht des Universums, die uns nach ihren Wünschen formt und leitet, vertrauensvoll zu überlassen, anstatt weiter gegen den Strom zu schwimmen.

Kreativität

So hat All-das-was-ist aus sich heraus unzählig
vielen Wahrscheinlichkeiten zum Leben und Myriaden
individualisierten Bewusstseins zur Existenz
verholfen. Deshalb ist es ... voller Jubel. Doch erinnern
sich alle Individuen ihrer Herkunft und sehnen sich ...
zurück zu ihrer Urquelle ... sie tragen das Verlangen in sich,
zur Urquelle kosmischen Bewusstseins zurückzufinden,
und sie erreichen dies und stillen ihr Verlangen durch
eigene Schöpfungen.

JANE ROBERTS[63]

Kreativität ist die größte Freude des Menschen. Wenn wir kreativ sind, entdecken wir unsere Macht, etwas zu erschaffen, und nichts kommt der Freude an dieser Entdeckung gleich, denn sie bringt uns in Verbindung mit dem freien, mächtigen, schöpferischen Kern unseres Wesens, mit unserer göttlichen Seele.

Wenn unsere Sehnsucht nach Kreativität nicht zum Zuge kommt, wenn weder in unserem Beruf noch in unserem Privatleben Raum für Kreativität ist, dann leiden wir, ob wir es uns eingestehen oder nicht. Mancher sagt sich: »Ich bin eben nicht kreativ« und ist ganz zufrieden, obwohl sein Job und seine Ehe ziemlich langweilig sind. Aber Kreativität gibt es auch in weniger offenbaren Bereichen. Vielleicht hat unser Mann ein Hobby, in das er seine Kreativität investiert. Oder seine Kinder, sein Garten, seine Wanderungen oder seine Heimwerkerei verlangen ihm von Zeit zu Zeit ein wenig Kreativität ab. Die größte Kreativität besteht in der Entwicklung der eigenen Persönlichkeit. Das lehrte und lebte sowohl Pir Vilayat Khan als auch Prentice Mulford, beides Menschen, die ein wagemutiges und erfülltes Leben führten.[64] »Das eigene Zimmer ist die Werkstatt, in der dies neue Ich aus neuen geistigen Elementen aufgebaut werden sollte, ein Raum, den kein Fremder betreten darf und auch wir selbst nur in den Stunden, da wir unserer klaren und frohen Stimmung ganz sicher sind; dort sollen wir unsere wachen Träume zur Vollkommenheit träumen, dann wird im Laufe der Zeit dieser Raum förmlich geladen werden mit Glück.«[65]

Wenn wir überhaupt nicht kreativ sein können, leiden wir. Natürlich kommt man einigermaßen gut durchs Leben, auch wenn man seine Kreativität nicht nutzt, und natürlich leidet man nicht so spektakulär wie jemand, der eine Tragödie durchlebt, aber die meisten von uns leiden dennoch, wenn sie keine Möglichkeit haben, schöpferisch zu sein. Wir können uns zwar eine Zeit lang über unsere Unlust und Frustration hinweg täuschen, indem wir uns ablenken und »unterhalten«, aber früher oder später wird sich die Sehnsucht Bahn brechen – sei es durch erfreuliche neue Wendungen, sei es durch Krankheit, Trennung, erzwungenen Ortswechsel, Verlust des Jobs oder dergleichen – und einen Wechsel in unserem Leben herbeiführen, der uns zwingt, kreativ zu sein und uns etwas Neues einfallen zu lassen. Schon mancher ist wie Phönix aus der Asche aus einer traurigen Trennung hervorgegangen, weil er nach Zeiten des Trauerns und Trotzens plötzlich zu neuem Lebensmut und neuer Kreativität gefunden und endlich angefangen hat, seine Träume zu verwirklichen, was ihm während seiner Ehe nicht möglich war (oder schien!).

Sind Sie sich Ihrer Sehnsucht nach Kreativität bewusst? Nach Kreativität nicht nur im Sinne von künstlerischer Aktivität, sondern nach Kreativität überhaupt – nach der Macht, aus dem Nichts heraus etwas Neues entwickeln, erschaffen und gestalten zu können? Sind Sie sich der Sehnsucht bewusst, Ihr Leben, Ihr Zuhause, Ihre Arbeit, Ihre Kleidung nach Ihrem eigenen Traum gestalten zu können; der Sehnsucht, aus der Beziehung zu Ihrem Lebenspartner etwas Schönes und immer wieder Neues machen zu können; der Sehnsucht, sich selbst stets neu erfinden zu können, und der Sehnsucht, Werke zu erschaffen, die zu nichts anderem da sind, als Ihrer Seele Freude zu machen? Können Sie diese Sehnsucht fühlen? Oder haben Sie sie unter einem Deckel begraben? Unter welchem?

Wenn es irgendetwas Kostbares in Ihnen gibt, dann ist es diese Sehnsucht. Sie ist mehr wert als Gold. Nicht weil Sie sie zu Geld machen können – vielleicht können Sie das auch –, sondern weil hier Ihre Möglichkeit zur allergrößten Freude liegt.

Tun Sie sich selbst einen Gefallen. Graben Sie diese Sehnsucht aus und tun Sie etwas für Sie. Am besten sofort. Und wenn Sie nur die Wand Ihres Arbeitszimmers neu gestalten. Oder ein Tagebuch anlegen.

Die Sehnsucht nach Ekstase

Ehrt den Rausch! Der Rausch ist heilig.

Gitta Mallasz[66]

Der Rausch, den wir uns durch Drogen, Sex, Tanz oder Sport verschaffen können, ist nur ein blasser Abklatsch jener Ekstase, die unserem innersten Wesen eigen ist. Wenn wir uns in Ekstase tanzen oder lieben oder an Alkohol berauschen, werfen wir wenigstens für den Augenblick die Fesseln ab, in denen unsere Seele sonst gefangen ist. Wir vergessen uns selbst und überlassen uns etwas Größerem. Und genau darin besteht der Rausch. Die Sehnsucht danach existiert in jedem von uns. Und weil das so ist, greifen wir gern nach etwas, woran wir uns berauschen können, oder suchen unseren Rausch in Meditation, Religion oder in einer spirituellen Praxis.

Nur zu leben ist eigentlich der größte Rausch, nur sind wir uns dessen nicht bewusst. Wir lassen uns fangen von den Rahmenbedingungen der irdischen Existenz; wir vergessen, das wir zu Besuch sind in diesem Körper, in dieser Zeit und auf diesem Planeten. Wir halten unsere Existenz für selbstverständlich und klammern uns an die Forderungen, die wir an sie stellen. Jeder Moment, den Sie im Bewusstsein Ihrer unsterblichen Seele und zugleich der Vergänglichkeit Ihrer körperlichen Existenz verbringen, ist ein Moment des Erwachens zu der Kostbarkeit des Lebens, der Einmaligkeit jedes Augenblicks und jeder Begegnung.

Auch wenn es in Ihrem Leben an Ekstase fehlt, können Sie vielleicht die Sehnsucht danach tief in Ihrem Herzen aufspüren. Wenn Sie ein spiritueller Mensch sind, hilft es Ihnen vielleicht, Texte über ekstatische Mystiker oder Heilige zu lesen, wie beispielsweise Sri Ramakrishna oder Jelaluddin Rumi, oder Musik zu hören, die Elemente von Ekstase enthält. Sie können sich auch an Momente in Ihrem Leben erinnern, die Sie als »Gipfelerlebnisse« bezeichnet haben, nicht um in Nostalgie zu schwelgen, sondern um erneut mit dem Gefühl, das Sie damals hatten, in Kontakt zu treten. Dieses Gefühl ist immer noch vorhanden. Es ist nur verschüttet. Die Erinnerung an ein solches Ereignis kann Ihnen helfen, es wieder auszugraben. Dann kann es Sie mit Ihrer Sehnsucht nach Ekstase in Kontakt bringen und diese befreien.

Festhalten, Loslassen und Sehnsucht

Lass doch einfach los!

Beliebter Spruch in der New-Age-Szene

Im spirituellen und therapeutischen Kontext bekommen wir immer wieder zu hören, wie wichtig es sei loszulassen. Jeder hält an etwas fest: an Menschen, Gegenständen, Lebensumständen, beruflicher Position, gesellschaftlichen Privilegien. Wenn man genauer hinschaut, stellt man meist fest, dass man weniger an Menschen, Dingen oder Umständen festhält als an bestimmten Überzeugungen und Ideen. Da ist zum Beispiel der Gedanke, ohne diesen Menschen, diese Sache oder diesen Lebensumstand könnte man nicht glücklich sein. Man kann sich vorstellen, wie froh und frei wir wären, wenn wir einfach alles loslassen würden, woran wir festhalten. Wie viel Anstrengung, Anspannung und Verkrampfung fiele von uns ab und wie viel Einschränkung. Wie leicht und frei wären wir und wie bereit, uns voll und ganz auf das einzulassen, was der Augenblick uns bietet! Wie es so schön heißt: Ganz entspannt im Hier und Jetzt.

Aber wie macht man das? Wie lässt man etwas los, wenn man es doch festhalten möchte? Bereits das Ansinnen, so etwas zu tun, hat doch etwas von Selbstvergewaltigung.

Es gibt eine gewaltlose, liebevolle und wesentlich wirkungsvollere Art, das Problem von Festhalten und Loslassen zu lösen. Doch dazu muss man die Rolle der Sehnsucht verstehen. Wenn ich an etwas festhalte, hat das immer einen Grund. Ich habe Angst. Ich habe Angst vor dem, was geschehen würde, wenn ich die betreffende Sache loslassen würde. Ich fürchte mich also vor einem Schmerz. Solange ich mit dieser Angst identifiziert bin, erscheint mir der Schmerz unerträglich, und deshalb halte ich weiter fest. Statt mich nun einfach weiter von dieser Angst beherrschen zu lassen, kann ich mir sie auch anschauen, sie bewusst fühlen (wie fühlt sie sich körperlich an?) und ihr mein Herz öffnen (was braucht sie?). Sobald sie das Verständnis oder die Anerkennung bekommt, die sie braucht, wird die Angst mir erlauben, mir auch den Schmerz einmal anzuschauen. Wenn es mir gelingt, auch dem Schmerz mein Herz zu öffnen, habe ich das schlimme Gefühl, vor dem ich mich die ganze Zeit gefürchtet hatte, zugelassen und festgestellt, dass es nur ein Gefühl war, ich immer noch lebe und es mir sogar besser geht als vorher. Nun muss ich nicht mehr solche Angst davor haben und kann ein wenig lockerlassen.

Das eigentliche Gefühl hinter dem Ganzen ist aber wieder eine Sehnsucht. Im Grunde meines Herzens halte ich an der betreffenden Sache fest, weil ich mir ein bestimmtes Gefühl davon verspreche. Das kann Glück sein oder Ekstase, Verlässlichkeit oder Vertrauen, Wärme oder Liebe, Erfüllung, Ruhm, Wohlstand, Beachtung, Respekt, Macht, Sicherheit oder was auch immer. Solange ich davon überzeugt bin, dass nur diese und keine andere Sache mir diesen Zustand verschaffen kann, oder zumindest, dass die Möglichkeit, den erwünschten Zustand anderweitig zu erlangen, gleich Null ist, halte ich diese Sache fest.

Wenn ich jedoch die Sehnsucht fühle, die hinter dem Ganzen steckt, und ihr mein Herz öffne (was braucht sie?), werde ich erleben, dass ich mich nicht mehr an der betreffenden Sache festklammern muss. In dem magischen Moment, in dem sich mein Herz öffnet, spüre ich nämlich (ohne es mit dem Verstand begründen zu können), dass dieser Sehnsucht nun, da ich ihr einen sicheren Platz in meinem Herzen gegeben habe, die Erfüllung gewiss ist.

Die Sehnsucht in Liebesbeziehungen

Kannst du dich sehen als ein vergängliches Geschöpf, das dazu bestimmt ist, Gott auf Erden Wirklichkeit werden zu lassen? ... Du bist der Geliebte, durch den Er zum Liebenden wird ... Aus Seiner Liebe bist du erschaffen.

PIR VILAYAT KHAN[67]

Der Mensch, in den wir uns verlieben, weckt eine bestimmte Sehnsucht in uns. Diese Sehnsucht kann in die Rubrik »Sehnsucht der Seele nach Verwirklichung« oder in die Kategorie »psychologische Sehnsucht« eingeordnet werden. Oft spielt beides eine Rolle. Der Mensch, der Gegenstand meiner Verliebtheit ist, besitzt bestimmte Eigenschaften, die mich deshalb anziehen, weil sich mein Wesen danach sehnt, diese Eigenschaften in sich selbst zu entdecken und zu verkörpern. Seine Kraft zieht mich an oder seine Schönheit, sein Humor oder seine Intelligenz; oder ich liebe ihn oder sie seiner/ihrer Güte, Großherzigkeit oder Feinfühligkeit wegen. Diese Qualität ist auch in mir vorhanden, wenn auch noch nicht ausgeprägt und verfügbar. Sie möchte sich jedoch entfalten. Daher fühle ich mich von Menschen angezogen, die sie bereits besitzen. Im Kontakt mit ihnen lerne ich diese Qualität kennen und das hilft mir, sie in mir selber zu entdecken und zu entfalten. Manchmal verkörpert jemand nicht nur eine bestimmte für mich anziehende Eigenschaft, sondern mein Ideal. In diesem Fall kann die Verliebtheit astronomische Ausmaße annehmen.

Hier könnte ich, statt mein Wohl und Wehe von diesem Menschen abhängig zu machen, die Schönheit meines eigenen Ideals anerkennen und bewusst wahrnehmen, dass die betreffende Person ein einigermaßen treffendes Abbild desselben ist. Ferner könnte ich meine Verliebtheit, statt von ihr beherrscht zu bleiben, bewusst wahrnehmen (wie fühlt es sich an, verliebt zu sein?) und ihr mein Herz öffnen (was braucht sie?). Dann könnte ich den inneren oder äußeren Kontakt zum Objekt meines Begehrens nutzen, um mit den Qualitäten, die mich an ihm so begeistern, in Berührung zu kommen, sie kennen zu lernen, zu kontemplieren und ihnen in mir selbst zur Entfaltung zu verhelfen.

Nach alledem werde ich vermutlich in der Lage sein, den oder die Betreffende nicht mehr nur als Figur meiner Träume wahrzunehmen, sondern als Wesen mit einem eigenen Hintergrund, einem eigenen Leben und eigenen Gefühlen und Bedürfnissen, die ich verstehen und respektieren kann.

Wenn wir uns verlieben, geschieht dies oft auch aus unserer psychologischen Sehnsucht heraus. Wir sehnen uns nach jemandem, der uns die Bedürfnisse erfüllt, die unsere Eltern zu erfüllen versäumt haben; der uns Wärme, Sicherheit und Geborgenheit gibt, das Gefühl, geliebt, wertgeschätzt, wichtig oder in Ordnung zu sein und so fort. Oft mischen sich beide Arten von Sehnsucht in einer Verliebtheit – die seelische Sehnsucht nach Entfaltung und die psychologische Sehnsucht nach der Erfüllung eines kindlichen Bedürfnisses.

Wenn wir unserer Verliebtheit in dieser Weise auf den Grund gehen, bleibt möglicherweise nicht viel davon übrig und wir stellen vielleicht fest, dass sie wenig bis gar nichts mit dem anderen Menschen zu tun hat, sondern einfach Ausdruck unserer Sehnsucht nach bestimmten Gefühlen und Qualitäten ist. Wenn unsere »Liebe« erwidert wird, treffen sich zwei, um in ihrer jeweiligen Sehnsucht Erfüllung zu finden.

Manche Verliebtheit lässt sich allerdings nicht so ohne weiteres in Grundbestandteile zerlegen und behält ihren Zauber, auch wenn man die betreffenden Sehnsüchte erkannt und bewusst gewürdigt hat. Das mag an Eigenblindheit liegen oder daran, dass es eben doch ganz besondere Beziehungen gibt. Und so manch andere Verliebtheit mag sich mit der Zeit in echte Liebe zu dem betreffenden Menschen verwandeln.

Viele Liebesbeziehungen leben recht lange von der psychologischen Sehnsucht, die aus der Kindheit der Partner übrig geblieben ist. Unbewusst »übertragen« wir unseren Vater oder unsere Mutter auf unseren Partner und erhoffen von ihm/ihr das zu erhalten, was wir von jenen nicht bekommen haben. Dummerweise untergraben wir diese Sehnsucht dadurch, dass wir vom Partner unbewusst genau das Verhalten erwarten, das wir vom entsprechenden Elternteil gewohnt waren. Unsere Sehnsucht wird in dem Augenblick aktiv, in dem wir uns verlieben oder jedenfalls beschließen, dass dies der geeignete Partner für uns sei. Aber wenn wir versäumen, sie bewusst zu fühlen, zu ehren und zu pflegen und innerlich zu ihr zu stehen, sodass sie wirken kann, und stattdessen einfach nur von ihr beherrscht werden, wird sie von ihrem Gegenspieler boykottiert, nämlich von dem Teil unserer selbst, in dem die schmerzhafte Erfahrung und die daraus gezogene negative Schlussfolgerung gespeichert ist. Konkretes Beispiel: Ich tue mich mit jemandem zusammen, von dem ich mir die Wärme erhoffe, die mir in meiner Kindheit gefehlt hat. Die Sehnsucht nach dieser Wärme wird in mir geweckt, sobald dieser Mensch in meiner Nähe ist. Zugleich taucht jedoch die Erinnerung an die Kälte auf, mit der man mir zu Hause begegnet ist, und mein Grundgedanke, ich sei abgelehnt und ablehnenswert. Wenn ich keine Ordnung in dieses Gefühlsknäuel bringe, passiert einfach folgendes: Die Sehnsucht taucht auf, aber ihr auf dem Fuße folgt die Erinnerung an den Schmerz, die Angst vor diesem Schmerz und die negative Schlussfolgerung, die ich, als ich klein war, unbewusst aus dieser Erfahrung gezogen habe. Ich sage also zu meiner Sehnsucht: »Es hat keinen Zweck. Du kannst wieder untertauchen.«

Meinen Partner nehme ich nicht als eigenständiges Wesen mit seiner eigenen Geschichte wahr, sondern verwechsle ihn unbewusst mit Vater oder Mutter, sodass ich mich zwar nach seiner Wärme, Zuwendung, Verlässlichkeit etc. sehne, und diese auch von ihm fordere, gleichzeitig aber unbewusst erwarte, dass er sie mir nicht gibt (weil ich es nicht anders kenne).

Ganz anders sieht die Sache aus, wenn ich mir meine Sehnsucht bewusst mache, sie fühle und ihr einen Platz in meinem Herzen gebe, statt nur von ihr getrieben zu sein. Ich nehme sie dann als mein eigenes Gefühl wahr und übernehme die Verantwortung für sie, statt diese meinem Partner aufzuhalsen. Meinen Partner kann ich nun als eigenes Wesen achten, statt ihn einfach als meine »Bezugsperson« zu betrachten. Meiner Sehnsucht aber bleibe ich treu, indem ich sie in mir fühle und achte und ihren Winken folge.

Ebenso wie uns der seelische Treibstoff ausgeht, wenn wir nicht mehr mit unserer Sehnsucht in Kontakt sind, erlahmt auch unser Interesse an einer Liebesbeziehung, wenn wir nicht mehr durch Sehnsucht motiviert sind (oder wenn wir zu viel von unserer Sehnsucht unterdrücken, um in der Beziehung bleiben zu können; darüber später mehr). Das soll nicht heißen, dass wir immer ein- und dieselbe Flamme der Sehnsucht in uns schüren müssen, um eine Beziehung lebendig zu halten. Wenn wir in unserer persönlichen Entwicklung voranschreiten, wird sich die Art der Sehnsucht, die in der betreffenden Beziehung aktiv ist, verändern. Am Anfang war es vielleicht vor allem eine bestimmte Eigenschaft, die uns angezogen hat, oder die Hoffnung, dass ein psychologisches Bedürfnis gestillt wird. Mit der Zeit jedoch, wenn ich immer neue Facetten des Wesens meines Partners und meines eigenen Wesens entdecke, werden andere Arten von Sehnsucht geweckt, die sich in dieser

Beziehung potenziell erfüllen lassen und die über das rein egoistische Interesse hinausgehen: die Sehnsucht, den Partner in seiner Entfaltung zu unterstützen, ihn in seiner Schönheit oder Größe zu sehen; die Sehnsucht, eine Beziehung voller Schönheit zu erschaffen, oder sich von der Beziehung, wie auch immer sie sich gestaltet, ergreifen und verändern zu lassen; die Sehnsucht nach Wahrheit und Selbsterkenntnis; die Sehnsucht danach, der Liebe zum Durchbruch zu verhelfen.

Manche Sehnsucht erscheint uneigennützig, verbirgt jedoch ein eigennütziges Motiv. Wenn man sich zum Beispiel nach einer harmonischen Beziehung sehnt, hat man vielleicht einfach Angst vor Disharmonie beziehungsweise vor dem Gefühl, das diese in einem auslösen könnte – vielleicht das Gefühl von Bedrohung und Unsicherheit. In Wahrheit sehnt man sich dann nicht nach Harmonie, sondern nach Sicherheit. Wenn man dieser Sehnsucht sein Herz öffnet und sie ebenso bewusst fühlt wie die Angst und das Gefühl der Bedrohung, wird man leichter mit disharmonischen oder Konfliktsituationen umgehen können, ohne immer gleich nach »Harmonie« rufen zu müssen. Harmonie entsteht nicht dadurch, dass beide Partner zurückstecken und man einen halbwegs lebbaren Kompromiss findet. Harmonie entsteht, wenn jeder er selbst ist und das wahre Wesen des einen Partners das wahre Wesen des anderen harmonisch ergänzt. Ob dies der Fall ist oder nicht, ob man es also mit echter Harmonie zu tun hat, die auf Wahrheit basiert, oder mit Scheinharmonie, die auf Angst beruht, kann man nur durch Ausprobieren feststellen: Man nimmt die Maske ab, während man sich seiner Ängste bewusst ist, ist man selbst, lässt den Partner sein, wie er ist – und schaut, was dabei herauskommt. Das ist natürlich leichter gesagt als getan. Es kann sein, dass man einen weiten Weg zurücklegen muss, bis man dazu in der Lage ist. Aber zumindest kann man dieses Ziel ins Auge fassen und es in einzelnen

Situationen ausprobieren (siehe Kapitel »Die Sehnsucht nach dem Ideal«).

In dem Maße, in dem aus unserer emotionalen Liebe (die stets eine selbstbezogene Emotion ist) wahre Liebe (die den anderen meint) wird, ändert sich die Richtung der Sehnsucht. Die menschliche Sehnsucht nach Erfüllung durch den Geliebten wird eins mit der göttlichen Liebe, die ihre Erfüllung in der freien Entfaltung des oder der Geliebten findet.

Neben der Sehnsucht, die uns in eine Liebesbeziehung hineinführt und diese nährt, gibt es ja immer auch andere Arten von Sehnsucht, die nichts mit der Partnerbeziehung zu tun haben, sondern andere Lebensbereiche betreffen – Beruf, spiritueller Weg, Hobby, künstlerische Betätigung, Sport oder was auch immer. Manchmal scheint die eine oder andere unserer Privatsehnsüchte in eine andere Richtung zu weisen als die auf die Beziehung gerichtete Sehnsucht. Wenn wir unserer Liebesbeziehung dann Vorrang geben, kann es passieren, dass wir uns reduzieren, um in einer Weise leben zu können, die mit der Beziehung (wie sie von uns oder unserem Partner verstanden wird) kompatibel ist. (Umgekehrt gibt es natürlich auch Menschen, die ihrem Beruf oder einem Hobby Vorrang vor der Beziehung geben und sich reduzieren, indem sie ihre Sehnsucht nach Bindung, Geborgenheit und Nähe opfern, um ihrem Drang nach Selbstverwirklichung oder Karriere gerecht zu werden.) Ich habe diesen Zusammenhang bereits im Kapitel »Ablenkung und Sucht« erwähnt. Oft ist es so, dass sich beide Partner in einer Beziehung seelisch verstümmeln, um in das selbst konstruierte Gefängnis zu passen. Beide haben vielleicht Angst davor, die Sicherheit, die dieses Arrangement ihnen gewährt, gegen die Unsicherheit eintauschen zu müssen, in die sie ein freieres Verhalten ihres Partners stürzen würde. Daher verhalten sie sich nach dem Motto: »Ich gebe meine Freiheit auf, damit du die deine nicht auslebst, weil dies mich verunsichern würde.«

Hier ist auf beiden Seiten massive Angst im Spiel. Das merkt man oft nicht einmal, weil dieses Beziehungsverhalten in unserer Gesellschaft als normal gilt und einem auch im Film, im Fernsehen und in Liebesromanen ständig vorgeführt wird. Wer sich jedoch aus dieser Verstrickung lösen möchte, muss sich diese Angst bewusst machen und sie fühlen, statt sie nur zu haben. (Wie fühlt sie sich im Körper an? Was braucht sie vom Herzen? Wovor genau habe ich Angst? Wie würde ich mich fühlen, wenn dies einträte? Welchen Schmerz versuche ich zu vermeiden? Wie fühlt er sich an? Was braucht er vom Herzen?)

Im Übrigen geht es hier ganz einfach um zwei Arten von Sehnsucht, die einander entgegengesetzt zu sein scheinen, beispielsweise die Sehnsucht nach Freiheit, Abenteuer, Alleinsein, Selbstverwirklichung oder was auch immer auf der einen Seite und die Sehnsucht nach Sicherheit, Geborgenheit und Verlässlichkeit auf der anderen.

Sobald Sie dies verstanden haben, wird die Lösung einfach. Sie müssen nur genau hinschauen und dem, was Sie wahrnehmen, Ihr Herz öffnen. Nichts weiter. »Aha. Da ist die Sehnsucht nach Freiheit. Wie fühlt sie sich an? Was braucht sie von meinem Herzen? Und dort ist die Sehnsucht nach Sicherheit. Wie fühlt sie sich an? Was braucht sie?« In einem offenen Herzen können beide nebeneinander existieren, ohne sich zu bekriegen oder einander Konkurrenz zu machen.

Und Ihr Herz weiß auch, wie Sie beide ausleben und in beiden Erfüllung finden können. Was Ihrem Verstand unmöglich scheint, ist für Ihr Herz ein Kinderspiel. Der Verstand hat Probleme mit dem Paradoxen, aber im Herzen gibt es nur ein Gesetz: Alles wird so anerkannt, wie es ist, und alles darf leben.

Checkliste Sehnsucht in Liebesbeziehungen

Wenn Sie derzeit in einer Liebesbeziehung leben
Wonach sehnen Sie sich?
Was erhoffen Sie sich von dieser Beziehung? Was von Ihrem Partner?
Können Sie dieser Sehnsucht Ihr Herz öffnen?
Welches Verhalten Ihres Partners kränkt oder schockiert Sie?
Was tut Ihnen daran weh?
Welche Sehnsucht verbirgt sich dahinter?
Können Sie sie fühlen? Was braucht sie von Ihnen?
Welche Eigenschaft/en Ihres Partners finden Sie besonders anziehend?
Können Sie sich vorstellen, dass Sie dieselben Eigenschaften haben, aber nur ansatzweise?
Können Sie sich vorstellen, wie Sie wären und sich fühlen würden, wenn Sie diese Eigenschaften hätten?
Was wünschen Sie sich am meisten für sich selbst von dieser Beziehung?
Was wünschen Sie sich am meisten für die Beziehung?
Was wünschen Sie sich am meisten für Ihren Partner?
Welche Sehnsucht stellen Sie um der Beziehung willen zurück?
Können Sie diese Sehnsucht aus ihrem Versteck holen?
Wie fühlt sie sich an? Was braucht sie von Ihrem Herzen?
Aus welcher Angst heraus opfern Sie diese Sehnsucht?
Was würde Schlimmes passieren, wenn Sie ihr folgen würden?
Öffnen Sie Ihr Herz für diese Angst. Was braucht sie von Ihnen?
Wovor genau haben Sie Angst? Welches schlimme Gefühl fürchten Sie?
Können Sie Ihr Herz auch für dieses schlimme Gefühl öffnen, indem Sie sich ihm zuwenden und sich einmal ganz bewusst erlauben, sich so zu fühlen?

Dieses Gefühl ist bereits in Ihnen vorhanden und sehnt sich danach, von Ihnen wahrgenommen werden.
Welche Sehnsucht steckt dahinter?

Wenn Sie derzeit in keiner Liebesbeziehung leben
Haben Sie Sehnsucht nach einer Liebesbeziehung?
Wenn ja: Können Sie diese Sehnsucht einmal ganz bewusst betrachten?
Wie fühlt sie sich an? Was braucht sie von Ihrem Herzen?
Wonach genau sehnen Sie sich, wenn Sie sich eine Beziehung wünschen?
Nach welcher Qualität? Welchem Gefühl?
Können Sie Ihr Herz für die Sehnsucht nach dieser besonderen Qualität oder diesem besonderen Gefühl öffnen?
Nachdem Sie Ihr Herz geöffnet haben, merken Sie vielleicht, dass die Sehnsucht nach diesem Gefühl oder dieser Qualität nicht unbedingt an die Sehnsucht nach einer Beziehung gekoppelt sein muss.
Sie können nun noch einen Schritt weitergehen: Wenn Sie Ihre Sehnsucht fühlen können, können Sie auch das fühlen, wonach Sie sich sehnen.
Stellen Sie sich das Ersehnte vor.
Stellen Sie sich vor, wie Sie sich fühlen würden, wenn Sie es hätten.
Lernen Sie dieses Gefühl ganz bewusst kennen.
Es ist Ihres. Es ist jetzt schon vorhanden.
Sie brauchen es nicht in die Zukunft zu verlegen und an eine Bedingung zu binden! Sie können es jetzt schon erleben und ihm einen Platz in Ihrem Herzen geben.
Was braucht es?
Anerkennung? Raum?
Möchte es gefühlt werden? Da sein dürfen? Wahrgenommen werden?

Was wir für andere ersehnen

Sobald in meinem Bewusstsein auch nur der kleinste Hinweis darauf auftritt, dass ich aus dem Wunsch heraus handele, sie etwas erreichen zu lassen oder aus meiner Annahme darüber, wer sie sind oder wie sie sein sollen, weiß ich, dass ich ihnen nicht behilflich sein kann …
Aufmerksamkeit und nicht Wunsch oder Absicht bildet das Herz einer jeden Beziehung. Die größte Gabe, die wir mit einem anderen Menschen teilen können, liegt in unserer ungehemmten Aufmerksamkeit …

RICHARD MOSS[68]

Manchmal ersehnen wir etwas für andere. »Ich wünsche mir so sehr, dass Jenny sich wieder freuen kann.« – »Ich wünsche mir, dass Felix endlich einen Ausweg aus seinem Dilemma findet.«

Was immer wir für andere ersehnen – es ist nicht die Wahrheit. Die Wahrheit ist, wir hegen ein bestimmtes Gefühl diesem anderen Menschen gegenüber, das wir nicht bewusst wahrnehmen. Die Wahrheit ist ferner, dass wir uns etwas für uns selber wünschen, das wir ebenfalls nicht wahrnehmen. Erst wenn wir unsere eigenen Gefühle als solche wahrnehmen und würdigen, können wir dem anderen Menschen offen, respektvoll und mitfühlend gegenübertreten, statt ihm unsere eigenen Wünsche aufzuoktroyieren. Wer weiß denn, ob es für die Person im ersten Beispiel momentan überhaupt an der Reihe ist sich zu freuen? Vielleicht ist Freude gar nicht das, was sie im Augenblick braucht, sondern eher Mitgefühl für ihre Trauer? Oder vielleicht braucht sie nicht Freude, sondern Frieden? Und weiß ich wirklich, ob es für den Menschen im zweiten Beispiel das Richtige ist, einen Ausweg aus seinem Dilemma zu finden? Vielleicht ist es genau richtig, dass er sich in diesem Dilemma befindet. Vielleicht verhilft ihm dieses Dilemma zu einer wichtigen Einsicht oder einem Entwicklungssprung?

Wir können nicht wissen, was für einen anderen Menschen wirklich hilfreich und richtig ist. Alles, was wir ihm anbieten können, ist unsere Liebe, unsere Offenheit, unser Interesse, unsere Achtung, unser Mitgefühl. Aber wir können uns nicht an seiner Stelle sehnen.

Wenn ich mir, um bei meinem ersten Beispiel zu bleiben, »so sehr wünsche, dass Jenny sich wieder freuen kann«, sollte ich mich fragen: »Warum wünsche ich mir das eigentlich so sehr?« Die Antwort ist vielleicht: »Weil ich Jenny liebe.« Oder weil ich sie gern habe. Dann ist diese Liebe oder Zuneigung das Gefühl, das bewusst wahrgenommen werden möchte. Anschließend kann ich weiter hinterfragen: »Warum wünsche ich mir das so sehr? Was wäre denn schlimm, wenn sich herausstellen würde, dass Jenny sich nicht mehr freuen kann? Dass es ihr immer schlechter geht? Wie würde ich mich dann fühlen?« Hilflos vielleicht. Traurig. Entsetzt. Das sind meine eigenen Gefühle, für die ich mein Herz öffnen kann. Diese Gefühle haben nichts mit Jenny zu tun, sondern nur mit mir. Nachdem ich meine eigenen Gefühle auf diese Weise ins Bewusstsein geholt und ihnen mein Herz geöffnet habe, kann ich Jennys Leiden mitfühlend, respektvoll und offen gegenübertreten.

Manchmal beten wir für die Menschen, die wir lieb haben oder denen wir helfen möchten. Aber wie können wir für sie beten, wenn wir nicht wissen, was für sie gut ist? Ich kann nicht guten Gewissens beten, dass jemand von seinen finanziellen oder gesundheitlichen Problemen befreit wird oder endlich die richtige Frau findet oder was immer ich für sein Glück halte oder mir für ihn vorstelle, denn ich weiß nicht, ob es das Richtige für ihn ist. Solange ich überhaupt der Ansicht bin, ihm dies oder jenes per Gebet herbeischaffen zu müssen, sehe ich ihn als Bedürftigen und als in gewisser Weise geringer als mich selber. Und das kann nicht die Wahrheit sein! Mein bestes Gebet besteht darin, mein Herz zu öffnen für alles, was ich selber dem Betreffenden gegenüber fühle; im offenen Herzen die Liebe zu ihm zu fühlen, mich vor ihm zu verneigen und ihn in seiner Größe und Vollständigkeit zu sehen, in seinem wahren Wesen, statt ihn in meiner Vorstellung klein und bedürftig zu halten.

Negative Sehnsucht: Ich wünsche mir das nicht …

Der Inhalt des unendlichen Bewusstseins ist
nichts als die Wahrheit, und die Qualität unserer
Geistigkeit hat der seinen so ähnlich wie
möglich zu werden.
Nur dieses heißt: Gott nahe sein.

PRENTICE MULFORD[69]

Wenn wir in bestimmten Situationen nach unserer Sehnsucht Ausschau halten, entdecken wir manchmal negative Formulierungen wie: »Ich wünsche mir, dass dies nicht geschieht.« – »Er soll nicht fortgehen.« – »Es soll nicht so sein.« – »Ich wünsche das keinesfalls« und so fort.

Hier ist das wahre Gefühl nicht Sehnsucht, sondern Angst oder Ablehnung, die sich in der Verneinung ausdrückt.

Wenn ich mich danach sehne, »dass er nicht fortgeht«, habe ich zunächst einmal Angst davor, wie ich mich fühlen würde, wenn der Betreffende fortgeht, und Sehnsucht nach dem Gefühl, das ich habe, wenn er da bleibt.

Sehnsucht ist immer bejahend, und wenn wir unsere wahre Sehnsucht finden, ist die Formulierung immer positiv.

Wenn Sie in der Formulierung Ihrer Sehnsucht oder Ihres Wunsches eine negative Formulierung wie »nicht« oder »nie« oder »kein« entdecken, sollten Sie Ihre Gefühle erforschen. Hinterfragen Sie Ihren Satz: »Warum wünsche ich mir das nicht? Wovor habe ich Angst? Was lehne ich ab?

Warum? Wie fühle ich mich damit, dass es so ist, wie es ist? Und wie soll es sein? Wonach sehne ich mich?«

Forschen Sie so lange, bis Sie Ihre Sehnsucht in positiven Worten ausdrücken können. Dann erst sind Sie bei Ihrer Wahrheit gelandet.

Sehnsucht und Handeln

Manifestation beginnt innen, nicht außen.

SAFI NIDIAYE[70]

Nun habe ich ein ganzes Buch über Sehnsucht geschrieben und fast an keiner Stelle das Tun erwähnt. Fliegen uns denn die gebratenen Tauben von selber in den Mund, wenn wir uns nur danach sehnen, oder müssen wir auch etwas dafür tun?

In diesem Buch ging es mir vor allem darum, meine Entdeckung, wie wichtig die Befreiung der Sehnsucht ist, mit Ihnen zu teilen, und Ihnen zu zeigen, wie Sie mit Ihrer Sehnsucht in Kontakt treten können. Ich habe immer wieder die Erfahrung gemacht, dass Impulse zum Handeln im richtigen Moment auftauchen, sobald man sein Herz für eine Sehnsucht geöffnet hat. Plötzlich verspürt man Lust, etwas zu tun, und ist auch in der Lage dazu. Die passenden Gelegenheiten präsentieren sich, und anders als vorher kann man sie nun wahrnehmen und ergreifen.

Wenn man die Sache statt von der Gefühlsseite gleich von der Tatseite anzugehen versucht (eine Vorgehensweise, die typisch für unsere männliche Seite ist), läuft man Gefahr, trotz Tatkraft in einem Problemkreis stecken zu bleiben, weil der Wille zwar da ist, der innere Konflikt aber noch nicht erkannt wurde. Man sehnt sich nach etwas – man erkennt, dass man sich sehnt –, krempelt die Ärmel auf und schreitet zur Tat. Soweit wunderbar. Womit man nicht rechnet, wenn man die Sache nur mit Vernunft und Tatkraft anpackt, ist, dass es im Allgemeinen einen inneren Gegenspieler gibt, der das Spiel stets auf irgendeine Weise gewinnt (siehe Kapitel »Sehnsucht zu haben ist nicht genug, man muss sie auch fühlen«).

Dazu fällt mir die Geschichte von Georg ein. Georg schrieb

Theaterstücke und sehnte sich danach, mit seinen Stücken den großen Durchbruch zu erzielen. Er sehnte sich aber nicht nur nach Geld und persönlichem Erfolg. Es ging ihm vor allem auch darum, dass seine Stücke wirklich gut waren und viele Menschen inspirieren konnten. Georg war ein tatkräftiger Mensch und er nahm alle Gelegenheiten wahr, die sich ihm boten, um seine Stücke anzubieten, über sie zu reden, sie vorzustellen und zu verschicken. Aber obwohl sie tatsächlich sowohl originell als gut geschrieben und fürs Theater brauchbar waren, fanden sie keinen Abnehmer. Was Georg nicht berücksichtigt hatte, waren die Hindernisse in seinem Innern. Um diese zu entdecken musste er seine Aufmerksamkeit von der Außenwelt abziehen und nach innen richten. Es gab einen Teil in ihm, den er bis dahin nicht bemerkt hatte und der alles tat, um seinen Erfolg zu sabotieren. Dieser Teil brauchte die Erfolglosigkeit, weil er damit seinen Eltern beweisen konnte: Sie hatten mit ihm etwas falsch gemacht. Sie hatten ein Kind großgezogen, das zwar hochbegabt war (was sie natürlich nicht zu würdigen wussten), aber von seinen Eltern weder die Liebe noch die Anerkennung bekommen hatte, die es gebraucht und verdient hätte. »Seht her« sagte er zu seinen Eltern, »die Welt will mich nicht. Ich nage am Hungertuch und ihr seid schuld.«

Bevor Georg endlich Erfolg haben konnte, musste er seinen Zorn auf die Eltern und seinen Schmerz (nicht geliebt, nicht anerkannt und nicht gesehen worden zu sein) in sein Bewusstsein und sein Herz holen und vor allem seine Sehnsucht – die Sehnsucht nach Liebe und Anerkennung – bewusst fühlen, statt nur von ihr getrieben zu sein. Erst danach erst konnte er, ohne den sabotierenden Einfluss seiner Psyche, eine neue Strategie ausarbeiten, die ihm endlich den ersehnten Erfolg brachte. Übrigens nicht als Stückeschreiber, sondern in einem anderen Theaterberuf. All sein Handeln hatte ihm nicht geholfen. Erst die Selbsterkenntnis und die Befreiung der Sehnsucht brachten den Durchbruch.

Teil V

Inspirierte Texte

Warum »seiner Sehnsucht zu leben« die einzig vernünftige Art zu leben ist

Die ständige Entscheidung, dem Weg mit Herz
zu folgen, ist das, was den Krieger vom Durchschnittsmenschen unterscheidet. Er weiß, dass er sich auf dem Weg mit Herz befindet, wenn er eins mit ihm ist, wenn er auf seinem Weg Frieden und Freude findet.

Carlos Castaneda[71]

Du bist auf diese Erde, in dieses Leben, in diesen Körper gekommen, um deine Sehnsucht zu verwirklichen. Selbst wenn du dich nicht daran erinnerst, wirkt diese Sehnsucht in dir, auch in deinen schwärzesten Stunden. Die Sehnsucht in dir ist die Stimme deiner Seele, die Stimme deines eigenen Selbst, deine allerintimste Wahrheit. Wenn du dieser Sehnsucht folgst, bist du auf deinem eigenen Weg. Nichts ist befriedigender, als sich auf seinem eigenen Weg zu wissen. Ganz gleich, was andere sagen mögen, man fühlt sich eins mit sich selber; irgendwie weiß man, dass man auf dem Weg zu seiner Bestimmung und Erfüllung ist, und jeder Schritt auf diesem Weg ist Freude. Das bedeutet nicht unbedingt, dass der Weg frei von Leid und Schmerz oder voller Vergnügen ist; aber er ist voller Freude: Freude, weil man seiner Seele Erfüllung schenkt; Freude, weil man sich selber das größte Geschenk macht, das man sich machen kann: »seiner Sehnsucht zu leben«.

Was ist deine größte Sehnsucht?

Kannst du sie in dir fühlen? Lässt du sie in dir leben?

Die Sehnsucht wird dein Meister, dein Lehrer und dein

Weg. Ihre Erfüllung ist dir sicher, sobald du ihr Raum und Achtung gibst und alles tust, was sie im jeweiligen Augenblick von dir verlangt. Nicht mehr, aber auch nicht weniger. Du brauchst dir nicht den Kopf darüber zu zerbrechen, wie diese Sehnsucht Erfüllung erlangen kann und was du dazu tun musst, ob es zu deinem Ziel hier entlang geht oder dort und ob dieser Weg dich von deinem Ziel entfernt oder dich ihm nähert. Dein Verstand kann das nicht wissen. Aber dein Herz weiß es.

Halte die Sehnsucht in dir wach und widme dich dem, was im jeweiligen Augenblick zu tun ist, mit ganzer Aufmerksamkeit. Übe dich darin, auf dein Gefühl und deine innere Stimme zu hören.

Manchmal führt der Weg zur Erfüllung über scheinbare Um- oder Abwege. Am Ende deiner Zeit wirst du sehen, dass jede Sehnsucht, die jemals in dir war, ihre Erfüllung gefunden hat, doch oft auf wundersame Weise, die du niemals hättest vorhersehen können.

Dein Platz ist niemals an einem anderen Ort als an dem, an dem du dich gerade befindest. Wenn du dich nach einem anderen Platz sehnst, so spüre diese Sehnsucht ganz bewusst in dir und lasse sie wirken. Vertraue, dass sie dir sagen wird, wann es Zeit ist zu gehen, und wohin du gehen sollst.

Wenn der Tag kommt, an dem sie es dir sagt, dann brich auf. Niemandem, weder einem geliebten Menschen noch einer Unternehmung, der du angehörst, noch dir selber ist damit gedient, wenn du entgegen der Stimme deines Herzens an einem Platz bleibst, der nicht mehr der deine ist. Dein Aufenthalt ist immer nur vorübergehend; und alle Orte und Menschen wirst du wiedersehen, wenn die Zeit dafür gekommen ist. Denn nichts ist jemals von dir getrennt gewesen, und der Tag wird kommen, an dem du alles, was zu dir gehört, wiederfinden wirst. Jedes Zusammensein ist vorübergehend, und jeder Abschied ist vorübergehend. Die Wahrheit ist, dass du mit allem und allen jederzeit und überall verbunden bist. Jene sind dir näher, die deinem Herzen näher stehen; jene sind dir ferner, die deinem Herzen ferner stehen; ganz gleich, mit wem du deine körperliche Gegenwart teilst.

Alles in diesem Universum, du eingeschlossen, bewegt sich nach den Gesetzen von Anziehung und Abstoßung gemäß seiner eigenen Natur, seiner Bestimmung, getrieben von seiner Sehnsucht, in welcher die Sehnsucht des Universums wirkt und jeden zu seiner Bestimmung und Entfaltung führt.

Folge deiner Natur, höre auf dein Herz, ehre deine Sehnsucht und sei barmherzig mit dir, wenn du nicht anders konntest, als den Weg zu verlassen, den dein Herz dir wies, und deine Seele zu verraten. Auch dieser Verrat ist Teil der alles umschließenden Vollkommenheit.

Die helfenden Kräfte eilen an deine Seite, sobald du bereit bist, den falschen Weg zu verlassen und den richtigen wieder zu betreten. Der richtige Weg ist der Weg, den deine eigene Sehnsucht dir weist. Er ist deshalb richtig, weil er der deine ist, weil er der Weg deiner Wahrheit ist und weil er dem Wunsch entspricht, den die Wahrheit – die göttliche Wahrheit – für dich hegt.

Nichts kann schöner, nichts vollendeter, nichts wunderbarer sein als die Vision, die dein Schöpfer von dir hat.

Kanal für die göttliche Sehnsucht

In allem ist der sehnsüchtige Gott ist am Werk …
Denn Gott hatte sich versprochen, auch in der herrlichsten Eiche, dem kühnsten Tier, dem feurigsten Cherub:
Er wollte gewiss noch etwas viel Schöneres, Liebenderes, Beglückenderes sagen …

PRENTICE MULFORD[72]

Du bist ein Kanal für die göttliche Sehnsucht. Hast du dir schon einmal Gedanken darüber gemacht, dass es nicht nur darum gehen könnte, deine eigene Sehnsucht zu erfüllen, sondern dass du, indem du existierst, die Sehnsucht einer größeren Macht erfüllst? Dass es in diesem Universum eine Sehnsucht nach dir geben könnte? Die Sehnsucht, dass du werdest – dass du das Schönste werdest, das du vermagst zu sein – dass du du selber werdest? Und dass diese Sehnsucht von dir weder begrenzt noch in ihrem Wirken behindert werden kann, da sie aus einer Quelle stammt, die unendlich viel mächtiger ist als dein persönliches Ich? Was auch immer du mit dir und deinem Leben anstellst, diese Sehnsucht wirkt und formt dich, hebt dich auf immer neue Stufen der Erkenntnis und Entfaltung, ob du es willst oder nicht. Und jedes Ereignis deines Lebens, ob du es als positiv oder negativ, angenehm oder unangenehm, willkommen oder unwillkommen bewertest oder nicht, trägt dazu bei. Absolut jedes.

Das Ziel dieser Sehnsucht sind nicht vergängliche Momente von Glück oder Zufriedenheit, wie du sie dir von der Erfüllung deiner persönlichen Sehnsucht versprichst. Das Ziel dieser Sehnsucht bist du selbst, deine eigene größtmögliche und schönstmögliche Entfaltung. Diese Entfaltung muss nicht unbedingt so aussehen, dass du in deinem gegenwärtigen Leben zu Erfolg, Glück, Ansehen und gutem Aussehen gelangst. Das sind Äußerlichkeiten, die mit dem wahren Wesen nicht viel zu tun haben. Jede bittere Erfahrung erhöht deine Fähigkeit, zu verstehen und Mitgefühl zu zeigen, und wird von dir aus gutem Grund gewählt. Jeder durchlebte Schock erweitert die Grenzen deiner Erlebnisfähigkeit, ebenso wie jedes schöne Erleben die Freude in deinem Wesen erhöht. Allerdings gibt es keine größere Freude als die, die der Schöpfer in dir erfährt, wenn du eine neue Facette deines Wesens entfaltet, eine neue Entdeckung gemacht, eine neue Erkenntnis gewonnen, einen Schritt in neues Terrain gewagt hast.

Allerdings ist es keineswegs so, dass ein grausamer und herzloser Gott dich als Marionette benutzt, um seine Träume zu verwirklichen, und es ihm gleichgültig ist, ob du dabei leidest oder glücklich bist. Der Gott, der sich sehnt, ist in deinem Innern. Er ist dein eigenes allertiefstes Wesen und keine fremde Autorität irgendwo dort draußen oder oben im Himmel. Du findest ihn in der geheimsten, innersten Kammer deines Herzens. Er ist die Liebe und das Mitgefühl selbst. Er hat Anteil an jedem deiner Kümmernisse und jeder deiner Freuden. Er freut sich mit dir und trauert mit dir und sehnt sich mit dir. Doch seine eigene Sehnsucht ist, ähnlich wie die Liebe einer Mutter, darauf gerichtet, dein Wesen erblühen und erwachsen zu sehen. Die Grenzen, die das Leben dir setzt, sind die Grenzen deines eigenen Vertrauens. Je mehr du dich dem Gott in deinem Innern anvertraust, desto größer wird dein Vertrauen und desto weniger Grenzen gibt es für das, was du zu erreichen oder zu werden wünschst.

Erfüllung

Jedes starke, echte Verlangen oder Gebet muss das Erbetene bringen.

PRENTICE MULFORD[73]

Erfüllung ist dir sicher, ganz gleich, was du dir ersehnst. Sehnsucht kann nicht anders, als sich zu erfüllen. Das ist ein Naturgesetz. Die Frage ist nur, wie und wann. Das gewöhnliche menschliche Bewusstsein umfasst nur einen sehr kleinen Bereich der Realität. Dieser kleine Bereich ist eine Etappe auf dem Weg zur Erfüllung. Wenn du mehr sehen möchtest, wenn du den Zusammenhang zwischen dem Entstehen einer Sehnsucht und ihrer Erfüllung erfassen möchtest, musst du dich in eine andere Etage deines Selbst begeben; auf jene Ebene, die losgelöst von Raum und Zeit existiert. Das ist nicht schwierig. Mache dir bewusst, dass es einen Teil deines Wesens gibt, der nicht in die Grenzen der Körperlichkeit eingeschlossen ist. Du kannst mit jenem Ich in Berührung kommen, das schon vor deinem Eintritt in diesen Körper existiert hat und auch noch nach dem Tod dieses Körpers existieren wird. Du kannst einen Schritt zurücktreten und dich als den wahrnehmen, der sich in deiner gegenwärtigen Gestalt verkörpert; als den, der in diesem Körper einen vorübergehenden Ausdruck, eine vorübergehende Erlebnismöglichkeit erfährt; als den, der sich mit diesem Körper zu einer einzigartigen Persönlichkeit verbunden hat, der jedoch beide, Körper und Persönlichkeit, eines Tages hinter sich lassen wird. Wenn du dich ruhig hinsetzt und dir das bewusst machst, ist es dir möglich, mit diesem Teil deines Wesens in Berührung zu kommen.

Hier wartet Erfüllung auf dich. Hier liegen alle Antworten auf alle Fragen, die dich je bewegt haben und noch bewegen werden. Nicht dass die Antworten und die Erfüllung bereits in fertiger Form dort existieren, aber sie sind im Keim vorhanden und warten nur auf ihre Entfaltung. Du kannst ihre Entfaltung fördern, indem du dich von Zeit zu Zeit in diesen ewigen Teil deines Wesens vertiefst und von dort aus deine Fragen und deine Sehnsucht betrachtest.

Jede Frage, die dich im Herzen bewegt, zieht die Antwort herbei. Eigentlich ist es eher so, dass sich die Antwort danach sehnt, geboren zu werden, und dass deine Frage den Anstoß dazu gibt. Ebenso zieht jede Sehnsucht, die dein Herz bewegt, ihre Erfüllung herbei. Und eigentlich ist es die Erfüllung, die sich danach sehnt, geboren zu werden, und deine Sehnsucht gibt den Anstoß dazu.

Am Anfang steht die Sehnsucht der Seele, etwas von dem ihr latent innewohnenden Reichtum in die Existenz zu bringen. Sie kann dies tun, wenn deine Sehnsucht nach Erfüllung deiner Wünsche ihr antwortet. Nicht du sehnst dich, sondern deine Seele sehnt sich und du antwortest auf ihren Ruf, indem du ihrer Sehnsucht in deinen eigenen Wünschen Gestalt gibst.

Geduld

Ungeduld treibt das Gewünschte fort oder verzögert zumindest sein Kommen … Du vergeudest deine Kraft im Zanken und Hadern, weil das Erwünschte nicht da ist, und wirfst deine Kraft nicht in den Wunsch, wo sie hingehört, sondern in das Nichtdasein des Gewünschten – stärkst also dieses Nichtdasein.

PRENTICE MULFORD[74]

Wenn sich Sehnsucht mit Ungeduld verbindet, wird ihr Wirken behindert. Worauf auch immer eine Sehnsucht sich richtet, der schöpferische Prozess ihrer Verwirklichung braucht eine gewisse Zeit. Es kann sich um Augenblicke oder um Jahre handeln; die Verwirklichung ist sicher, wenn die Sehnsucht nicht blockiert wird, aber manchmal dauert es lange. So viele Dinge können notwendig sein, damit sich deine Sehnsucht auf angemessene Weise verwirklicht, so viele Dinge, von denen du nichts weißt und die du mit deinem Verstand nicht überblicken kannst.

Wie aber erlangt man Geduld, wenn man ungeduldig ist? Zum einen muss man das Gefühl der Ungeduld vom Gefühl der Sehnsucht trennen und für beides, die Ungeduld und die Sehnsucht, sein Herz öffnen.

Zum anderen hilft es, der Sehnsucht einen festen Platz zu geben und ihr regelmäßige Pflege angedeihen zu lassen, ähnlich wie man eine Pflanze regelmäßig gießt, manchmal mit ihr spricht und ihr Zuwendung gibt. Eine Pflanze braucht einmal am Tag oder einmal alle paar Tage Wasser, aber nicht ununterbrochen. Würde man sie ununterbrochen gießen, würde sie schnell eingehen. Ähnlich ist es mit der Sehnsucht. Sie braucht regelmäßig Zuwendung, aber nicht ununterbrochen. Wenn du dein Herz einmal sorgfältig und gründlich für eine Sehnsucht geöffnet hast, reicht es aus, einmal täglich oder zweimal wöchentlich zu prüfen, ob du dieser Sehnsucht immer noch treu bist, ob du etwas für sie tun kannst, und regelmäßig, aber nicht ständig Kontakt mit ihr aufzunehmen und sie in deinem Herzen zu fühlen. Auf diese Weise nährst du sie, und ein Gefühl, »guter Hoffnung« zu sein, stellt sich ein, ganz gleich, wie die Umstände auch sein mögen.

Wenn man diese Praxis pflegt, entfällt die Ungeduld. Irgendwie weiß man um die schöpferische Macht der Sehnsucht. Man fühlt sie in sich heranwachsen und vertraut darauf, dass man im richtigen Moment die richtigen Dinge tut und die Signale beachtet. Im Übrigen kann man die Sache auf sich beruhen lassen und sich um das Tagesgeschäft kümmern.

Teil VI

Aphorismen, wahre Geschichten und Märchen

Die folgenden Texte stammen zu einem Teil von mir selbst, zu einem anderen wurden sie mir von meinem Freund Francis Dhaenens, einem Maler-Poeten, zur Bearbeitung und Veröffentlichung überlassen. Sie alle behandeln das Thema Sehnsucht: teils poetisch, teils märchenhaft, teils anhand von wahren, aber auf ihren aussagekräftigen Kern reduzierten Geschichten. (Alle hier abgedruckten Erzählungen gehen auf wahre Begebenheiten zurück – bis auf die Märchen, die Sie daran erkennen, dass sie mit »Es war einmal« beginnen.)

Die Sehnsucht der Erde

Die Erde sehnt sich nach der Sonne. Sie sehnt sich danach, vom Licht der Sonne befruchtet zu werden. Wie eine hochempfindliche Filmschicht wird die Erdoberfläche mit den Informationen der Sonne bestrahlt, und so entsteht Leben.[75]

Die Sehnsucht der Jahreszeiten

Unter der Schneedecke des Winters träumt der Frühling von seiner Wiedergeburt. Der Sommer sehnt sich danach, den Frühling zu seinem Höhepunkt zu führen. Der Herbst bringt alles wieder in die Erde und sehnt sich nach Sterben und Neugeburt. Aber es gibt keinen Tod: Das Leben ist in den Samen gespeichert, die sich in die Erde eingegraben haben.[76]

Die Triebkraft der Seele

Sehnsucht ist die Triebkraft der Seele, weil die Seele nicht anders kann, als sich zu sehnen. Sie sehnt sich danach, sich auszudrücken und zu erschaffen. Sie sehnt sich danach, Planeten, Sterne, Galaxien zu erschaffen. Sie sehnt sich danach, Mensch zu sein, Tier zu sein, Pflanze. Sie sehnt sich danach, ihr eigenes Wesen zu sein und ihre eigene Schöpfung anzuschauen.[77]

Sehnsucht nach dem Königreich

Ich sehne mich nach dem Königreich meiner Seele. In diesem Reich ist alles in Vollendung enthalten, das es in mir gibt; alles, was ich ersehne; alles, was ich liebe; alles, was ich schön finde, verehre, bewundere; alles, was mich anzieht. Dieses Königreich ist meine eigene Schöpfung. Alles, was ich je aus dem Rohstoff meiner Sehnsucht erschaffen könnte, findet sich dort in höchster Vollendung. Es ist meine innerste Schatzkammer.

Von Zeit zu Zeit tauche ich in die Tiefe meines Herzens, getrieben von der Sehnsucht nach meinem Königreich; mich selbst, meine ureigenste Sehnsucht gespiegelt zu sehen in ihrer Schönheit und Pracht.

Worte, Gedichte, Lieder, Gesten, die diesem Eintauchen in die Schatzkammer entspringen, haben eine besondere Reinheit, spiegeln in besonderer Weise mein wahres Wesen wider.

Alles andere ist es nicht wert, erschaffen zu werden. Oder doch? Hier und da ist ein Funken, ein Glimmer, ein winziges Leuchten enthalten, das etwas von dem Glanz meines Königreichs reflektiert. Dieser winzige Funken macht mir Freude.

Zufrieden werde ich wohl erst sein, wenn der ganze Schatz gehoben, das ganze Königreich greifbare Realität geworden ist.

Ob das je der Fall sein wird?

Mein Lied singen

Es gibt ein Lied in meiner Seele, das gesungen werden will. Jedes meiner Lieder ist ein Versuch, dieses Lied zu finden. Vielleicht bin ich selber ein Lied und sehne mich danach, dieses Lied in Musik zu verkörpern, so wie mein Schöpfer es in Fleisch und Blut verkörpert hat?

Liebe

Wenn mein Herz voller Liebe ist, gibt es nichts zu fragen, nichts zu erreichen und nichts zu tun. Dann gibt es nichts als unendliches Wohlwollen, Achtung, Mitgefühl und Verständnis. Wenn die Sehnsucht nach dieser Liebe sich in mir regt, folgt die Liebe selber auf dem Fuß.

Die Sehnsucht nach dem Gefährten

Von klein auf habe ich mich nach einem Gefährten gesehnt; nach einem, der innen so sein sollte wie ich, von derselben Sehnsucht getrieben, von denselben Gefühlen und Gedanken bewegt, aber außen anders, damit er eben ein anderer wäre.

Durch alle Freunde hindurch habe ich ihn gesucht. Hier

habe ich ein Lächeln von ihm erhascht, dort einen Blick. Dann habe ich ihn in einer Stimme, einem Satz, einer Geste, einer Gestalt oder einem Gesicht erkannt. Wenn dieses Erkennen gegenseitig war, war es das größte Entzücken, war es nur auf meiner Seite, der größte Schmerz.

Die Sehnsucht nach dem Geliebten

Es gibt eine Sehnsucht in meinem Herzen, die so wehtut wie keine andere. Sie ist tief in meinem Herzen verborgen und wagt sich nur selten hervor. Als ich sie entdeckte, wunderte ich mich, wie groß dieser Schmerz war.

Nie hatte ich einen so überwältigenden Schmerz gefühlt. Es war die Sehnsucht nach dem Geliebten; und dieser Geliebte war das Wesen, das aus dem Stoff meiner Sehnsucht erschaffen war. (Ob Gottes Sehnsucht nach den Geschöpfen seiner Sehnsucht auch so wehtut? fragte ich mich, als ich sie entdeckte.) Diesem größten Schmerz folgte das größte Glück, als ich dieses Wesen in meiner inneren Vision erblickte.

In diesem Augenblick war es mir gleichgültig, ob es sich hier um den Jung'schen »Animus«[78] handelte oder um ein Abbild meines Seelenzwillings oder den göttlichen Geliebten oder ganz einfach um die Vision meiner Sehnsucht. Ich fühlte, dass ich ihn, wer auch immer er war, wiedergefunden hatte und dass er immer mit mir war, wo ich mich auch befand und was ich auch tat. Möglicherweise läuft irgendwo ein Abbild oder Ausdruck dieses Wesens in Fleisch und Blut herum, vielleicht auch nicht. In jenem Moment war das ohne Bedeutung, denn ich spürte: Der wahre Geliebte ist immer bei mir.

Ein Leben für die Sehnsucht

Das Leben des Sufi-Meisters Pir Vilayat Khan (1916–2004) war ein beeindruckendes Beispiel für ein Leben auf dem Weg der Sehnsucht. Er sehnte sich danach, den Himmel auf die Erde zu bringen. Trotz aller Schicksalsschläge, die ihn trafen, blieb er diesem Traum treu und diente ihm auf viele Weisen. Er erforschte alle Arten der Meditation, die man sich nur vorstellen kann, um den Himmel zu finden und seine Entdeckungen anschließend mit seinen Schülern, Zuhörern und Lesern zu teilen. Er studierte Musik, spielte Cello und brachte die Menschen mit Musik in Berührung, welche die Atmosphäre der himmlischen Welten widerspiegelte. Seine große Liebe war die H-Moll-Messe von Bach. Er sehnte sich danach, sie eines Tages selber dirigieren zu können, und arbeitete viele Jahre lang auf die Verwirklichung dieses Traumes hin. Mit ungeheurer Energie, Inspiration und Begeisterung gelang ihm dies schließlich und die Hohe Messe wurde mit ihm als Dirigent einige Male aufgeführt, unter anderem zum Jahrtausendwechsel. Getrieben von seiner Sehnsucht, Menschen zu begegnen, die dem Himmel nah waren, pilgerte er in jungen Jahren in den Himalaja und suchte die dort lebenden Eremiten in ihren Höhlen auf. Auch er selbst lebte eine Zeit lang als Eremit. Später gründete er in den Alpen ein Meditationscamp[79], das einer wachsenden Zahl von Menschen Gelegenheit gab, sich eine Zeit lang von der Welt zurückzuziehen und tiefe Erfahrungen in der Meditation zu machen. Pir Vilayats Spezialität als Meditationslehrer war es, die Menschen zu einem Wechsel der Perspektive anzuregen und die Dinge statt von irdischen vom himmlischen Standpunkt aus zu betrachten. Ein weiterer Traum von ihm war die Verständigung zwischen den Religionen. Er organisierte Konferenzen und Gottesdienste, bei denen er Führer oder Repräsentanten verschiedener Weltreligionen zusammenbrachte. Er selber studierte die großen Religionen so intensiv, dass er ihre spirituelle

Essenz besser wiedergeben und repräsentieren konnte als manche Vertreter der betreffenden Religionen selber. Er sehnte sich danach zu fliegen, wurde Pilot und Drachenflieger, hielt sich Falken und Adler. Er träumte davon, eine »wunderbare Welt mit wunderbaren Menschen« zu schaffen, und wurde zu einem, der durch sein Leben, seine Lehren und sein Wesen Tausende von Menschen in der ganzen Welt inspirierte. Er liebte das Licht und die Sterne und träumte von der Entwicklung nicht nur eines globalen, sondern auch eines »galaktischen« Bewusstseins. Auf dem Sterbebett flüsterte er einem Freund, der zum Abschiednehmen gekommen war, zu: »Ich reise jetzt in die Galaxien.«

Und dann will ich, was ich tun will, endlich tun ...[80]

Wenn ich jetzt sterben soll, weine ich um all die Träume, die ich nicht verwirklicht und all die Zeit, die ich vergeudet habe. Solange ich denke: Es ist noch lange hin, kann ich mich treiben lassen und meine Sehnsucht über den Sorgen des Alltags und meinen kleinlichen Ängsten vergessen. Aber wenn heute der Tag meines Abschieds ist, schreie ich Zeter und Mordio: Ich wollte doch noch dies! Und ich wollte doch noch das! Lasst mir noch ein wenig Zeit! Ich will auch sofort anfangen, es endlich zu tun!

Eine Ehe-Geschichte

Isabelle war verheiratet. Sie liebte ihren Mann aufrichtig, kein Zweifel, aber es gab geheime Wünsche in ihrem Herzen, die sie vor ihm verbergen musste, weil er sie nicht gutgeheißen hätte. Zum Beispiel den Wunsch, einmal allein zu verreisen. Sie liebte ihre einsamen Entdeckungsspaziergänge in fremden Städten, hatte sie aber völlig aufgegeben, weil ihr Mann und sie immer alles zusammen machten. Sie hatte auch den heimlichen Wunsch, nach Herzenslust mit Freundinnen zu plaudern oder Geld für schöne Dinge auszugeben. Isabelles Mann war ein herzensguter Ehemann, aber ein wenig knauserig. Er hasste Verschwendung, sowohl von Geld als auch von Worten, und deshalb verschwendete Isabelle ihr Geld – auch wenn sie es selber verdiente – nicht an überflüssige Kleidung und ihre Worte nicht an überflüssige Klatschgespräche. Isabelle reduzierte sich, um den Ansprüchen ihres Mannes gerecht zu werden. Sie rauchte ziemlich viel, aber dagegen hatte er nichts einzuwenden. Er rauchte auch.

Eines Tages unterhielten sich die beiden über das Rauchen und stellten fest, dass sie beide gern aufgehört hätten. »Lass uns einmal untersuchen, warum wir eigentlich rauchen«, schlug Isabelle vor, und Rolf, ihr Mann, war einverstanden. Mit der Methode der körperzentrierten Herzensarbeit, die sie beide, teils jeder für sich, teils gemeinsam praktizierten, gingen sie dem Phänomen auf den Grund. Dabei machten sie die seltsame Entdeckung, dass sie beide mit ihrer Lebenssituation unzufrieden waren. Nicht nur Isabelle, auch Rolf hatte sich viel zu stark eingeschränkt, um in seine Vorstellung von Beziehung zu passen. Beide hatten Sehnsucht nach allem möglichen und beide unterdrückten ihre Sehnsucht und litten darunter. Als sie sich dies eingestanden und ihr Herz für ihre Sehnsucht und ihre Unzufriedenheit geöffnet hatten, machten sie, jeder auf seine Weise, die ersten kleinen Schritte in Richtung Freiheit und Selbstverwirklichung. Isabelle unternahm eine Reise nach Rom, ganz allein. Sie genoss diese Reise sehr, vermisste ihren Mann aber dennoch auf Schritt und Tritt. Beides dokumentierte sie in Briefen an ihn, die ihn sehr berührten. »Ich wünschte, du wärest hier«, schrieb sie, was durchaus aufrichtig gemeint, aber nicht ganz wörtlich zu verstehen war, wie man auch an der Formulierung erkennt. Glücklicherweise war Rolf klug genug, das zu verstehen.

Rolf begann wieder, Tennis zu spielen. Er hatte es aufgegeben, weil er es nicht richtig fand, einen solchen Partnersport ohne seine Frau zu betreiben, und weil Isabelle nicht Tennis spielen konnte (in Wirklichkeit allerdings, weil er Angst hatte, Isabelle könne sich ähnliche Freiheiten herausnehmen). Nach dem Match ging er manchmal mit seinen Sportskameraden einen trinken – ein Vergnügen, das er sich verboten hatte, weil er der Auffassung gewesen war, in einer glücklichen Beziehung müsse keiner der Partner ohne den anderen in die Kneipe gehen (in Wirklichkeit allerdings, weil er Angst hatte, dass auch Isabelle anfangen würde, allein auszugehen). Wenn er nach Hause kam, erzählte er Isabelle begeistert von seinen Erfolgen und sagte, er wünschte, sie wäre dabei gewesen. Das war zwar aufrichtig gemeint, aber dennoch nicht ganz wörtlich zu verstehen, und Isabelle wusste das.

Überflüssig zu sagen, dass beide in der neuen Situation wesentlich glücklicher waren und die Beziehung tiefer und erfüllender wurde!

Beide schafften es übrigens, mit dem Rauchen aufzuhören.

Marinkas Sehnsucht

Marinka besaß einen Souvenirladen in einem Badeort. Ihre Kunden waren Touristen, aber Marinka hasste die Touristen. Sie fand ihr Verhalten dumm und ärgerte sich, weil sie nicht genug kauften. Marinka hasste eigentlich alles und am meisten hasste sie sich selber, aber das wusste sie nicht.

Trotz oder gerade wegen dieses Hasses war Marinka ständig bestrebt, sich überall nützlich und beliebt zu machen, sie half Menschen und tat viel unentgeltliche Arbeit. Es war ihre Art, zu versuchen, Liebe und Anerkennung zu gewinnen. Ihren Mann verwöhnte und versorgte sie, sie ließ es ihm an nichts fehlen, jedoch mit alldem wollte sie eigentlich nichts als seine Liebe zu gewinnen, aber das war ihr nicht klar! Einer geistig und körperlich behinderten Frau, die Marinka vor Jahren kennen gelernt hatte, schickte sie tagtäglich eine Postkarte, damit die arme Frau etwas hatte, worüber sie sich freuen konnte. Jeden Tag ihres Lebens suchte Marinka eine hübsche Karte aus und schickte sie an diese Frau. Was Marinka nicht wusste, war, wie sehr sie selber sich danach sehnte, jeden Tag eine liebevolle Nachricht zu erhalten.

Es ist Jahre her, dass ich Marinka getroffen habe. Ich weiß nicht, was aus ihr geworden ist. Sie ist mir in Erinnerung geblieben, weil es mich so traurig gemacht hat, dass sie so voller Sehnsucht war und nichts davon wusste. Hätte ich damals gewusst, was ich heute weiß, und hätte sie mich um Rat gefragt, hätte ich vielleicht gesagt: »Marinka, du sehnst dich nach Liebe – nach all der Liebe, die du gibst, sehnst du dich selber. Hab doch endlich Erbarmen mit deiner Sehnsucht.« Da hätte Marinka vielleicht geweint und endlich ihr Herz für ihre arme Sehnsucht aufgemacht.[81]

Der wahre Wunsch

Es war einmal ein kleines Mädchen namens Nanni. Nanni tat nichts lieber, als durch den Wald zu streifen und mit den Bäumen und den Tieren des Waldes zu sprechen und zu spielen. Doch nun wollten ihre Eltern in die Stadt ziehen und Nanni sollte in einer Straße wohnen, in der es keinen einzigen Baum gab! Nanni protestierte, sie stampfte mit den Füßen auf, sie weinte, aber es half alles nichts. Die Eltern blieben dabei: »Wir werden umziehen.« Da rief Nanni: »Wenn ich doch nur endlich groß wäre!« Und sie war ganz traurig, dass sie nicht erwachsen war und daran auch nichts ändern konnte.

Am Nachmittag dieses Tages lief sie in ihren geliebten Wald. »Wenn ich nur schon groß wäre!« sagte sie zu ihrem Lieblingsbaum, einer schönen Rotbuche, die ganz allein und etwas abseits stand. Der Zufall wollte es, dass die Baumfee gerade Lust hatte, ein wenig mit dem Menschenkind zu spielen. Sie tarnte sich also als Wunschfee (du weißt schon, die guten Feen, die Wünsche erfüllen) und tauchte vor dem Mädchen auf. »Sag, was du dir wünschst«, sagte sie, »und ich will sehen, wie ich dir dabei helfen kann.« (Weil sie keine richtige Wunschfee war, drückte sie sich vorsichtig aus.)

»Ich wünsche mir, groß zu sein«, sagte Nanni. »Aber das hat ja keinen Zweck. Ich bin doch klein.« Und traurig ließ sie den Kopf hängen.

»Wünsche haben immer Zweck«, sagte die Fee, die zwar keine Wunschfee, dafür aber recht weise war. »Warum möchtest du denn groß sein?«

»Damit ich tun kann, was ich will!«, rief Nanni.

»Und was willst du tun?«

»In den Wald gehen! Ich möchte jeden Tag in den Wald gehen«, sagte die Kleine.

»Jeden Tag in den Wald gehen, möchtest du also«, sagte die falsche Wunschfee. »Das ist dein wahrer Wunsch. Kannst du das denn nicht?«

»Nicht mehr«, sagte Nanni. »Wir ziehen um.«

»Wer weiß«, sagte die Fee nachdenklich. »Es ist noch nicht aller Tage Abend. Immerhin hast du deinen Wunsch gefunden. Wünsche sind niemals umsonst.« Und nach diesen klugen Worten machte sie sich vorsichtshalber aus dem

Staub, denn sie war ja keine richtige Wunschfee und wusste nicht, wie sie dem Kind helfen konnte.

Als Nanni nach Hause kam, gab es eine Überraschung.

»Weißt du was?«, sagte ihre Mutter.

»Wir ziehen nicht um!«, rief die Kleine aufgeregt.

»Doch«, sagte die Mutter. »Aber wir haben eine bessere Wohnung gefunden. Sie liegt am Stadtrand, direkt am Wald.«

Die Sehnsucht des Königs

Es war einmal ein König, der sich große Sorgen um sein Reich machte. Vor lauter Sorgen konnte er nachts nicht schlafen. Zwar gab es keinen Krieg, aber dafür allenthalben Reibereien, Probleme und Konflikte. Die Menschen waren so ängstlich in ihrer Unwissenheit und manchmal so neidisch, so habsüchtig ... Wenn er an einem Ende Frieden geschaffen hatte, brach am anderen ein Konflikt aus. Hatte er hier ein Problem gelöst, entstand dort ein neues. Welche Entscheidung der König auch für seine Untertanen traf, nie war es vollkommen.

Der König sehnte sich sehr nach Frieden in seinem Reich. Er wünschte sich, dass die Menschen glücklich und zufrieden waren. Aber was immer er tat, sie waren es nicht.

Da betete der König um Erleuchtung und versenkte sich in die Stille. All seine Gedanken und Sorgen ließ er hinter sich, als er das Land der Stille betrat; nur seine Sehnsucht nahm er mit, denn sie war das einzige, was er nicht hinter sich lassen konnte.

Als er alle Gedanken und Sorgen hinter sich gelassen und still geworden war, sah er die andere Seite der Dinge. Statt der Menschen und der Ereignisse erblickte er nun die Gedanken und Gefühle, welche die Menschen und die

Ereignisse beeinflussten. Es waren Gedanken der Menschen und Gedanken der Geister, die mit den Menschen waren. Er sah, dass die Menschen taten, was sie taten, weil sie sich nach allen möglichen Dingen sehnten. Er sah, dass sich die Menschen ihrer Sehnsucht nicht bewusst waren. Er sah, dass es ein großes Durcheinander gab, weil jeder von irgendeiner Sehnsucht getrieben, sich dessen aber nicht bewusst war. Er sah auch, dass alle Menschen letztlich von der gleichen Sehnsucht getrieben waren: der Sehnsucht nach Glück. Er sah auch, dass alle Menschen von der gleichen Angst geplagt waren: der Angst, dieses Glück nicht zu bekommen oder es wieder zu verlieren. Und dass diese Angst die Quelle aller Habsucht, aller Zwietracht und allen Neids war.

Da beschloss der König, den Menschen zu sagen, dass sie ihre Sehnsucht finden müssten, um endlich in Frieden und Eintracht miteinander leben zu können. Er dachte, sie würden einander verstehen, wenn sie nur wüssten, dass sie sich alle nach dem Gleichen sehnten und vor dem Gleichen Angst hatten.

»Findet eure Sehnsucht«, verkündete er seinen Untertanen. »Ihr wisst nicht, wonach ihr euch sehnt! Sobald ihr wisst, wonach ihr euch sehnt, wisst ihr auch, wie ihr es erreichen könnt!«

Aber nur einige wenige verstanden ihn. Soviel er auch herumreiste und den Menschen seine Erkenntnis predigte, es änderte sich nichts.

Eines Tages klagte der König sein Leid einem Weisen, den er auf einem einsamen Spaziergang traf. »Sie hören nicht auf mich«, sagte er. »Und doch weiß ich, dass ich ihnen die Wahrheit gesagt habe. Warum erkennen sie sie nicht?«

»Weil du die Wahrheit zwar gesagt, sie aber nicht gelebt hast«, sagte der Weise. »Du hast ihnen gesagt, sie sollen ihre Sehnsucht finden; aber hast du deine gefunden?«

»Natürlich!«, rief der König. »Alles, was ich tue, tue ich

doch nur, weil ich mich so danach sehne, dass es ihnen allen gut geht.«

»Und warum sehnst du dich danach, dass es ihnen gut geht?«

»Weil ich ein guter König sein möchte«, sagte der König.

»Und warum möchtest du ein guter König sein?«

»Wie kann ich denn etwas anderes sein wollen als ein guter König?«, rief der König.

»Wenn du nun aber kein König wärst, wie würdest du dann sein wollen?«

»Gut«, sagte der König. »Dann könnte ich kein guter König sein wollen, dann würde ich einfach gut sein wollen.«

»Das ist deine Sehnsucht«, sagte der Weise. »Du möchtest gut sein.«

Da verstand der König, ging in sich und fand heraus, wie es war, gut zu sein. Und als er es herausgefunden hatte und gut geworden war, reiste er in seinem Königreich herum und betrachtete alles mit neuen Augen.

Und er fand, dass es gut war.

Und es war gut.[82]

Anmerkungen

1 *Neues Wissen, neues Denken für eine bessere Zukunft* sowie (mit einer Gruppe von Managern) *Führung durch Intuition*
2 zumindest für jeden, der zu meditativer Konzentration in der Lage und bereit ist, seine Gefühle bewusst wahrzunehmen
3 Diese Zusammenhänge habe ich in *Herz öffnen statt Kopf zerbrechen* und *Aufwachen und lachen* ausführlich beschrieben. Die Methode selbst habe ich am ausführlichsten in *Das Tao des Herzens* geschildert.
4 Mir »wir« meine ich in diesem Zusammenhang vor allem meine langjährige Übungspartnerin und Co-Gruppenleiterin Gloria Preiß und mich.
5 siehe Literaturverzeichnis
6 *Echo der Seele,* Seite 105
7 *Das Bewusstseins-Orakel,* Seite 58
8 *Liebe ist mehr als ein Gefühl*
9 Dies sind nicht alle »Herzensschlüssel«, sondern nur diejenigen, die für Sehnsucht geeignet sind. Die komplette Liste finden Sie im Praxisteil zur körperzentrierten Herzensarbeit.
10 *Echo der Seele,* Seite 336
11 Das sind Texte, die zur islamischen Überlieferung gehören, aber nicht zum Koran, ähnlich wie bei uns im Christentum die apokryphen Evangelien nicht in die offizielle Bibel aufgenommen sind. Hier: Hadith qdsi, Nr. 70, zitiert nach Annemarie Schimmel, siehe Literaturverzeichnis
12 Sufi-Mystikerin
13 Auch dieser Satz wird der Sufi-Mystikerin Rabia al'Adawiya zugesprochen.
14 *Amixipi,* Seite 72
15 *Echo der Seele,* Seite 41
16 *Unfug des Lebens und des Sterbens,* Seite 226
17 aus den (unveröffentlichten) Aufzeichnungen des Malers Francis Dhaenens
18 *Das Bewusstseins-Orakel.* Der zitierte Spruch ist auf einer der Spruchkarten zu finden, nicht im Buchtext.
19 Beides Erfahrungen, die für Säugetiere und Menschen seit Urzeiten natürlich und selbstverständlich sind und die Menschenbabys erst seit – evolutionär betrachtet – kurzer

Zeit entbehren müssen. Siehe auch: Jean Liedloff, *Auf der Suche nach dem verlorenen Glück.*

20 Mehr über diese psychologischen Zusammenhänge finden Sie in meinem Buch *Aufwachen und lachen.*

21 *Echo der Seele,* Seite 336

22 *Unfug des Lebens und des Sterbens,* Seite 167

23 zeitgenössischer belgischer Maler (unveröffentlichte Aufzeichnungen)

24 Hadith qudsi Nr. 70, zitiert nach Annemarie Schimmel: *Mystische Dimensionen des Islam. Die Geschichte des Sufismus,* Seite 381

25 zitiert nach: Pir Vilayat Inayat Khan: *In Search of the Hidden Treasure. A Conference of Sufis,* New York, 2003, Seite 16, übersetzt von der Autorin. »The desire of all« könnte auch übersetzt werden mit: »Das Verlangen aller«.

26 siehe Literaturverzeichnis

27 Prentice Mulford: *Unfug des Lebens und des Sterbens,* Seite 165

28 Carlos Castaneda: *Reise nach Ixtlan,* Seite 87

29 *Echo der Seele,* Seite 32

30 *Unfug des Lebens und des Sterbens,* Seite 160

31 *Unfug des Lebens und des Sterbens,* Seite 19

32 *Der Ruf des Derwisch,* Seite 37

33 Safi Nidiaye: *Liebe ist mehr als ein Gefühl*

34 *Der Prophet,* Seite 9

35 Fariduddin'Attar, zitiert nach Pir Vilayat Inayat Khan: *In Search of the Hidden Treasure,* Seite 16 (übers. durch die Autorin)

36 Im Allgemeinen versteht man unter Sufis die Mystiker des Islam; viele Sufis verstehen sich jedoch selbst nicht als Anhänger einer bestimmten Glaubensrichtung, sondern als Mystiker überhaupt, und führen ihre Linie der Weisheitsübermittlung nicht nur auf Mohammed, sondern auch auf die »magi«, die Weisen des alten Persien, und darüber hinaus auf Weise und Mystiker alter Zeiten, bis hin zu Hermes Trismegistos, zurück.

37 Jesus hat gesagt: »Diese Welt ist nur eine Brücke; geh hinüber, aber baue nicht deine Wohnung dort.« Quelle: *Außerbiblische Worte Jesu,* E. L. Dietrich, Wiesbaden 1950 (vergriffen)

38 Leider weiß ich nicht, in welchen Texten dieser Ausspruch von Rabia festgehalten wird. Ich kenne ihn nur aus mündlicher Überlieferung.

39 *Unfug des Lebens und des Sterbens,* Seite 198

40 *Unfug des Lebens und des Sterbens,* Seite 61
41 *Unfug des Lebens und des Sterbens,* Seite 71
42 *Echo der Seele,* Seite 336 f.
43 Jane Roberts' Geist-Autor Seth in *Die Natur der Psyche*
44 zum Beispiel *Heile deinen Körper* von Louise Hay
45 *Unfug des Lebens und des Sterbens,* Seite 165
46 *Die Antwort der Engel,* Seite 343
47 *Zen im Alltag,* Seite 84
48 Genaue Übungsanleitungen zur körperzentrierten Herzarbeit finden Sie auf meiner CD »Aufwachen und lachen«, Meditationsanleitungen zum Thema Sehnsucht auf meiner parallel zu diesem Buch erscheinenden CD »Befreie deine Sehnsucht«.
49 Ich verwende die Begriffe »Gefühl« und »Emotion« synonym.
50 *Unfug des Lebens und des Sterbens,* Seite 173 f.
51 *Grashalme,* Seite 366
52 Ich bin ursprünglich Sängerin und habe einige Jahre lang Kurse geleitet, in denen wir übten, unserem Herzen durch die Stimme Ausdruck zu verleihen. In diesen Kursen sind einige interessante Techniken entstanden, die ich hoffe, einmal in einem Buch zu veröffentlichen.
53 *Das Seth-Material,* Seite 276
54 *Unfug des Lebens und des Sterbens,* Seite 29
55 *Unfug des Lebens und des Sterbens,* Seite 173
56 *Unfug des Lebens und des Sterbens,* Seite 173
57 *Das Bewusstseins-Orakel,* Seite 107
58 *Echo der Seele,* Seite 31 und 32
59 Ich bin auf dem Weg, Herr, ich bin auf dem Weg! Ich bin auf dem Weg ins gelobte Land.
60 ein Ausdruck von Pir Vilayat Khan
61 *Der Ruf des Derwisch,* Seite 42
62 *Das Bewusstseins-Orakel,* Seite 72
63 *Das Seth-Material,* Seite 277
64 Über Pir Vilayat Khan, der erst kürzlich verstorben ist, gibt es noch keine Biografie. Ein sehr kurzer Abriss seines ereignisreichen Lebens findet sich im Vorwort zu seinem Buch *Erwachen*. Wer irgendwie darankommen kann, lese die Biografie von Prentice Mulford, geschrieben von K. O. Schmidt: *Einer, der es wagt.*
65 *Unfug des Lebens und des Sterbens,* Seite 27

66 *Die Antwort der Engel*

67 *Der Ruf des Derwisch,* Seite 42

68 *Der schwarze Schmetterling,* Seiten 170 und 175

69 *Unfug des Lebens und des Sterbens,* Seite 159

70 *Das Bewusstseins-Orakel.* Der zitierte Satz findet sich auf einer der Spruchkarten.

71 *Eine andere Wirklichkeit,* Seite 186

72 *Unfug des Lebens und des Sterbens,* Seite 149

73 *Unfug des Lebens und des Sterbens,* Seite 162

74 *Unfug des Lebens und des Sterbens,* Seite 214

75 Text von Francis Dhaenens, bearbeitet von der Autorin

76 Text von Francis Dhaenens, bearbeitet von der Autorin

77 Text von Francis Dhaenens, bearbeitet von der Autorin

78 Animus und Anima sind Begriffe aus der Psychologie von C. G. Jung.

79 Heute existiert dieses Camp unter dem Namen »Zenith Camp« im Tessin und wird von Pir Vilayats Sohn und Nachfolger, Pir Zia Khan, und anderen Meditationslehrern verschiedener spiritueller Traditionen geleitet. Informationen über das Zenith Camp finden Sie im Internet unter www.zenithinstitute.com.

80 Refrainzeile aus dem Lied »Wenn der Sommer nicht mehr weit ist« von Konstantin Wecker

81 Text von Francis Dhaenens, bearbeitet von der Autorin

82 Text von Francis Dhaenens, bearbeitet von der Autorin

Literaturverzeichnis und Quellenangaben

FARIDUDDIN'ATTAR: *Livre des Secrets,* zitiert nach: Pir Vilayat Khan: *In search of the Hidden Treasure. A Conference of Sufis,* New York 2003. (Seite 16, Übers.: Nidiaye)

CHARLOTTE JOKO BECK: *Zen im Alltag,* München 1990

CARLOS CASTANEDA: *Eine andere Wirklichkeit,* Frankfurt 1973
–: *Reise nach Ixtlan,* Frankfurt 1975

FRANCIS DHAENENS: keine Literatur, dafür eine Internetseite: www.zen-art.org

JOHN O'DONOHUE: *Echo der Seele. Von der Sehnsucht nach Geborgenheit,* München 1999

KHALIL GIBRAN: *Der Prophet,* Olten 1973
–: *Vor dem Altar der Liebe,* München 1986

LOUISE L. HAY: *Heile deinen Körper,* Freiburg 1989

PIR VILAYAT INAYAT KHAN: *Der Ruf des Derwisch,* Essen 1982
–: *In Search of the Hidden Treasure,* New York 2003
–: *Erwachen,* München 2000

GITTA MALLASZ: *Die Antwort der Engel,* Zürich 1984

RICHARD MOSS: *Der schwarze Schmetterling,* Interlaken 1989

PRENTICE MULFORD: *Unfug des Lebens und des Sterbens,* Frankfurt 1977

SAFI NIDIAYE: *Befreie Deine Sehnsucht.* CD, München 2005
–: *Aufwachen und lachen,* München 2004
–: *Aufwachen und lachen.* CD, München 2004
–: *Herz öffnen statt Kopf zerbrechen,* München 2002
–: *Amixipi,* Tutzing 2001
–: *Die Stimme des Herzens,* Bergisch-Gladbach 2000

–: *Das Bewusstseins-Orakel* (vormals: *Den Weg des Herzens gehen*),
–: München 2002
–: *Liebe ist mehr als ein Gefühl,* Genf 1990

JANE ROBERTS: *Das Seth-Material,* Genf 1986

ANNEMARIE SCHIMMEL: *Mystische Dimensionen des Islam. Die Geschichte des Sufismus,* München 1992

WALT WHITMAN: *Grashalme,* Zürich 1985